Erwin Ringel
Die Kärntner Seele

Mit Darstellungen
aus Literatur und bildender Kunst

Herausgegeben von Franz Witzeling
mit Beiträgen von
Josef Strutz und Arnulf Rohsmann

Hermagoras Verlag/Mohorjeva založba
Klagenfurt/Celovec und Wien/Dunaj
1988

CIP-Titelaufnahme der Deutschen Bibliothek

Ringel, Erwin:
Die Kärntner Seele: Mit Darstellungen aus Literatur u. bildender Kunst/Erwin Ringel.
Hrsg. v. Franz Witzeling. —
Klagenfurt; Wien: Hermagoras Vlg., 1988
ISBN 3-85013-120-3
NE: Witzeling, Franz [Hrsg.]

© 1988 by Hermagoras Verlag/Mohorjeva založba
Umschlaggestaltung: Sepp Schmölzer
Herstellung: Hermagoras/Mohorjeva, Klagenfurt/Celovec
ISBN 3-85013-120-3

Inhalt

DIE KÄRNTNER SEELE
IDEEN UND VISIONEN

Es begann mit einem Gespräch. Die Idee war — ausgehend von der starken Resonanz des Buches „Die österreichische Seele" von Professor Erwin Ringel — auch die „Kärntner Seele" unter die Lupe zu nehmen. Ringel sagte — mit einem starken Sympathiebekenntnis zu diesem Land — spontan zu.

Ein ganzes Land auf die Couch zu legen, war allerdings nie die Absicht, wohl aber der Versuch, anhand des künstlerischen Ausdrucks eines Landes, eine in die Tiefe gehende Analyse vorzunehmen.

Der „Pendelschlag" der „Kärntner Seele" schien uns am besten im Kärntnerlied verdeutlicht, wo das Melancholische der Empfindung, das Gefühl der Einsamkeit im „falosn" („verlassen") nahtlos in die selbstbewußte Darstellung des „Karntn is lei ans" („Kärnten gibt es nur eines") übergeht.

Der populär gehaltene Titel „Die Kärntner Seele" im Zusammenhang mit der „Österreichischen Seele" ist als Assoziationsanreiz dafür gedacht, alle Dimensionen des Wahrnehmens, Denkens, Fühlens und Handelns — auf der Grundlage der vorgefundenen Kärntner Identität — bewußtzumachen.

Die Realisierung eines, wie wir glauben, neuartigen und wichtigen soziokulturellen Projekts begann am 15. September 1985 in Keutschach, einem Ort, der weitgehend frei vom üblichen Kongreßtourismus ist. Im Keutschacher Schloßhof fanden sich 1200 Besucher aller Lager, Bildungsschichten und Generationen zu einem unvergeßlichen gemeinsamen Erlebnis ein.

Die spätsommerliche Kulisse der Kärntner Landschaft war der Hintergrund für die liebevoll angelegte Dramaturgie der gemeinsamen Gestaltung von Kärntnerlied, Lyrik und wissenschaftlichem Vortrag. Es war der ideale Beginn eines Experiments, das man als KÄRNTNER SENSORIUM *umschreiben kann.*

Rückblickend glauben wir, daß es ein kathartisches Erlebnis und der Beginn eines Nach- und Umdenkprozesses war, der Diskussionen einleitete, die über den heutigen Tag hinausreichen sollen. Wenn Land und Leute in Harmonie leben können, dann besteht die wahre Kunst darin, dies zum Ausdruck zu bringen. Viele Kärntner Künstlerinnen und Künstler beweisen und legen täglich Zeugnis davon ab, wie Quellen sinnlicher Gestaltungskraft in *Bild, Wort* und *Ton* umgesetzt werden können. Sie liefern uns ein Psychogramm des Ausdrucks künstlerischen Schaffens von einem Land, das in seiner ökologischen Ausgeglichenheit einzigartig ist.

Die Veranstaltungsreihe konnte nur durch ein eindeutiges, klares demokratisches Bekenntnis der Gemeinde Keutschach, ihres Bürgermeisters Gottfried Schofnegger und seiner bewußt Verantwortung tragenden Mandatare und Gemeindeorgane — trotz vorhandener Widerstände — erfolgreich weiterentwickelt werden.

So wurde mit dem Leitthema „Sinn und Sinnlichkeit" eine wesentliche Charakteristik der „Kärntner Seele" aufgegriffen.

Das 1986 zusammengestellte multimediale „Gesamtkunstwerk" ist nicht unwesentlich durch einen Hauptexponenten kulturellen Geschehens in Kärnten, Professor Herbert Wochinz, und durch das Ensemble Porcia mitgetragen worden. Ausschnitte mitreißenden Volkstheaters — „Humor und Freude" vermittelnd — wurden mit ausdrucksstarken meditativen Bildern Manfred Bockelmanns, thematisch moderiert von Professor Erwin Ringel, in die „Szene" projiziert.

So manche Schlaglichter, die beim Beleuchten der Kärntner Seele entstanden, erzeugten Schatten. Brennende Themen, wie Kindererziehung, Sexualität und Kreativität, entfachten Diskussionen, die durch die Kärntner Printmedien und den ORF ausgezeichnet transportiert wurden.

Nach einem bewußt gesetzten Rhythmuswechsel in der Kontinuität der Reihe gab es im Oktober 1987 den vielbeachteten Auftritt zweier in Amerika lebender Psychoanalytiker, und zwar von Professor Bruno Bettelheim und Professor Rudolf Ekstein. Sie sprachen zum Thema „Märchen und Mythen". Ihr Aufenthalt in Österreich stand unter dem Motto: „Die Vertreibung der Vernunft und ihre Wiederkehr".

Damit war die Brücke zum Gedenkjahr 1988 geschlagen.

Durch die Initiative des Verlagsleiters Dipl.-Ing. Franz Kattnig und durch den Koordinationsbeitrag des Verlagsmitarbeiters Janko Ferk konnte dieses Buch als Resüme und Impuls entstehen. Dieses Buch und das damit verbundene geistige Projekt möge die Entwicklung des Landes auf künstlerisch-sozialem, politischem und vor allem humanem Gebiet für eine gemeinsame hoffnungsvolle Zukunft voranbringen.

Für seinen wertvollen Essay danken wir in erster Linie unserem Freund Erwin Ringel, weiters allen Künstlern und den Fachberatern Arnulf Rohsmann und Josef Strutz, die durch ihre Beiträge und die Auswahl der Bilder und Texte das Buch zu einem ganzheitlichen Werk werden ließen.

Klagenfurt, im September 1988   *FRANZ WITZELING*

Erwin Ringel

DIE KÄRNTNER SEELE

(Nach einem Vortrag, gehalten am 15. September 1985 in Keutschach, ergänzt während der Jahre 1986 und 1988)

Meine Damen und Herren!

„Das ist der Fluch der bösen Tat, daß sie fortzeugend Böses muß gebären." — Ich habe es also gewagt, über die „österreichische Seele" zu sprechen, und das muß ja Folgen haben. Ein Freund hat mir gesagt: „Bist Du wahnsinnig? Hast Du nicht schon genug Kummer erlebt mit den ungezählten Droh- und Schmähbriefen, die Du bekommen hast, als Du die ‚österreichische Seele' analysiertest? Mußt Du Dich dann auch noch an die Kärntner Seele heranwagen? Ich kenne Dich ja, ich weiß, das kann nicht nur eine gute Rezension werden; Du wirst Dir weitere ungezählte Feinde schaffen."

Nun, meine Damen und Herren, wie ich schon andeutete, das muß man eben ertragen, wenn man entschlossen ist — was leider in Österreich so selten ist — zu versuchen, das, was man für die Wahrheit hält, auch auszudrücken. Ich werde sobald damit nicht aufhören, und wenn ich jetzt über die Kärntner Seele spreche, so habe ich zwei Vorbemerkungen zu machen. Die erste ähnelt sehr derjenigen über die „österreichische Seele". Ich habe damals gesagt: Ich liebe dieses Land, ich möchte nirgendwo anders leben als in diesem Österreich. So kann ich jetzt mit reinem Gewissen — nicht nur, weil ich vor Ihnen spreche und doch auch, weil ich ein bisserl um Sympathie werben möchte und nicht nur um Ablehnung — behaupten: Ich liebe dieses Kärnten. Ich habe viele Ferien der Reihe nach zuerst am Magdalenensee, sodann ganz in der Nähe von hier am Wörther See und schließlich am Ossiacher See verbracht. Ich glaube, daß ich dabei viele menschliche Begegnungen hatte und daß es mir dabei vergönnt war, einen Einblick in die Kärntner Seele zu gewinnen. Aber da komme ich zur zweiten Vorbemerkung, nämlich zum Begriff „Kärntner Seele". Man hat zu Recht gefragt: Was heißt „österreichische Seele"? Man kann ja nicht sagen, DER Franzose,

7

DER Deutsche, DER Italiener, DER Schweizer — sie sind ja im Grunde alle verschieden, und daher gibt es auch DEN Österreicher nicht. Und doch glaube ich, daß bestimmte Eigenschaften in unserem Lande überdurchschnittlich repräsentiert sind, so daß sie als Charakteristika der „österreichischen Seele" bezeichnet werden können. Dasselbe gilt bis zu einem gewissen Grade auch für den Kärntner, und ich will nun versuchen, diese „Spezifika" der „Kärntner Seele" ebenfalls in sechs Punkten zur Darstellung zu bringen.

Ich bin mir des Torsohaften dieser Bemühung im vorhinein voll bewußt; sie beruht ja nicht auf einer wissenschaftlichen Untersuchung mit Zahlen, Tabellen und Statistiken, sondern nur auf meinen persönlichen Beobachtungen. Aber das war ja bei der „Österreichischen Seele" genauso, die 1983 geschrieben und 1984 publiziert wurde. Damals hieß es: „Er übertreibt grenzenlos." Wenn wir aber die Ergebnisse, die sich im Zusammenhang mit der Wahl Waldheims hier 1986 und 1987 abgespielt haben, betrachten, dann müssen wir eingestehen, daß in diesem Buch die „Österreichische Seele" bis in die Wortwahl genau porträtiert worden ist, es sich um keine Übertreibung, sondern vielmehr eher um eine Untertreibung gehandelt hat. Aber nun zurück zu Kärnten: ich weiß, daß viele Leute jetzt erklären werden: So, wie er den Kärntner darstellt, so bin ICH nicht, und darin möchte ich Ihnen Recht geben, denn selbstverständlich gibt es unzählige „Ausnahmen". Aber — und das muß ich doch wieder bemerken — es gibt nicht NUR Ausnahmen und daher möchte ich bitten, daß nicht jeder von sich sagt: das geht alle anderen an, nur mich selber nicht. Und so, wie ich es über die „Österreichische Seele" gesagt habe, so möchte ich es jetzt auch den Kärntnern ans Herz legen: Es soll eine Kritik werden, jawohl. Wir leben in keiner heilen Welt; wer heilt, hilft weiter, und so will ich auch heute versuchen, mich in den Dienst der Wahrheit zu stellen, und zwar gerade dann, wenn sie unangenehm ist. Aber ich meine, daß sie eine Weiterentwicklung fordert und fördert, von der ich ja weiß, daß sie gerade bei jungen Menschen sehr oft bereits in Gang gesetzt wurde. So möchte ich Ihnen dazu sagen: Was immer ich vortragen werde, nehmen Sie es nicht als Versuch, Zwietracht zu säen, sondern als eine Bemühung für gegenseitiges Verständnis, für ein Einander-Näher-Kommen, für einen Schritt weiter zum Frieden, den wir in jeder Familie, sogar in jeder kleinen Gemeinschaft — und Kärnten ist ein großes Land — so brauchen, und diese Bitte um die Harmonie, um die Bereitschaft, einander besser zu verstehen, das soll die Einleitung meines Vortrages sein.

MEINE ERSTE THESE in der „Österreichischen Seele" lautete, daß Kinder in diesem Land in eine Art Zwangsjacke gesteckt werden, daß sie sich nicht entfalten können nach ihren Gesetzen, daß sie etwas aufgezwungen bekommen, weil sie nicht zur Freiheit gelangen dürfen, weil die Elternliebe eigentlich Eigennutz ist, weil die Eltern das Kind brauchen, zur Erfüllung ihrer eigenen Wünsche, weil sie keine Ehrfurcht haben vor dem neuen Leben als einem gleichberechtigten Partner vom ersten Tag an, weil sie nichts wissen wollen von dem Satz von Anton Wildgans: „Wer bist du, daß du nicht das Knie zu beugen brauchtest vor dem neuen Menschen", weil die Erziehungsziele der Eltern lauten: Gehorsam, Sauberkeit, Höflichkeit und Sparsamkeit; weil das Kind eingeengt wird, statt sich weiten zu dürfen. Weil es still sein muß, statt ausgelassen sein zu können; ausgelassen in der mehrfachen Bedeutung dieses Wortes. Ich habe damals gesagt: wie anders ist es in Italien. Hier bei uns muß das Kind still sein; wenn es schreit, fällt es unangenehm auf: „Wir wollen Ruhe haben". In Italien ist man beunruhigt, wenn das Kind still wird, dann haben die Eltern das Gefühl, da stimmt etwas nicht.

Nun macht es große Freude, in diesem Zusammenhang auf die geographische Lage Kärntens hinzuweisen als dem südlichsten Bundesland, als dem Land, das die Verbindung herstellt auch zu Italien. Mein lieber Freund, der Arzt Otmar Memmer, der viele Jahre mein Schüler war und der auch heute hier unter uns weilt, pflegte immer zu sagen: „Erwin, Kärntner sind die Sizilianer Österreichs." Und ich finde, das ist ein großartiges Wort, welches tatsächlich in der Erziehung des Kindes in Kärnten zum Ausdruck kommt. Das Kärntner Kind kann freier aufwachsen, es herrscht hier ein größerer Radius der Bewegung, der Entwicklungsfähigkeit, es wird die Longue nicht kurzgehalten. Das Kind darf in immer größeren Kreisen — in „wachsenden Ringen", wenn ich es mit Rilke sagen darf — die Welt erobern, es darf auch laut sein. Und wenn wir hier gehört haben, in Wort und Tat, von der Bedeutung des Gesanges für Kärnten, so frage ich: Warum haben die in Italien die Tenöre und wir da oben keine? Weil man in Italien schreien darf und die Kinder dabei oft schon in den ersten Wochen (wie wissenschaftlich nachgewiesen) das „hohe C" erreichen. Die Kärntner haben es offenbar noch nicht so weit gebracht, aber immerhin sind sie freier, sie sind lauter (sie sind sangesfreudiger, wie Irmgard Bohunovsky-Bärnthaler in ihrem interessanten Essay „Kärntnerische Ambivalenz" betont), sie sind lebendiger, sie sind — wie gesagt — nicht eingepanzert. Und das ist das Großartige an diesem

9

Land und das, glaube ich, wirkt sich eben auch in den Entwicklungsmöglichkeiten des Kindes ganz entscheidend aus. Im Gesang und in der Erlaubnis — damit komme ich jetzt zu einem ganz wichtigen Punkt — Gefühle äußern zu dürfen. Der Kärntner ist einer, der seine Gefühle nicht unterdrückt, sondern der sie ausspricht und der sie oft aussingt, und das ist von ungeheurem Wert. Schauen Sie, dieser Geist der Freiheit lebt in Kärnten auch in anderer Beziehung, soweit ich weiß — früher war es so und ich glaube, es ist bis heute so geblieben —, ist Kärnten das Land mit den meisten unehelichen Kindern. Nun bitte, Sie müssen das gut verstehen; es bedeutet nicht, daß ich will, daß nur uneheliche Kinder zur Welt kommen. Aber ich möchte erstens einmal sagen, daß hier uneheliche Kinder nicht automatisch abgetrieben, oder wenn Sie es so hören wollen: ermordet werden, daß man ihnen aber nicht nur das Recht zu leben, sondern auch die Gleichberechtigung zugesteht. Das bedeutet aber auch, daß man sich hier eben über gesellschaftliche Vorurteile hinwegsetzt und in einer mehr freiheitlichen Weise versucht, sich dem Leben zu stellen. Das ist etwas Großartiges und Bedeutsames, etwas Tapferes, das einem Land sicherlich einen bedeutenden Farbton gibt.

Der Landeshauptmann von Kärnten — so habe ich neulich gelesen — hat einmal gesagt: „Der Kärntner läßt sich nicht unterdrücken. Wer es versuchen wollte, mit Unterdrückung zu herrschen, der würde hier Schiffbruch erleiden." In all diesen Feststellungen kommt eben das zum Ausdruck, was ich im ersten Punkt vermitteln möchte: die freie Entfaltungsmöglichkeit des Menschen schon in der Kindheit und später natürlich auch in seiner weiteren Entwicklung ist ein Charakteristikum des Kärntners. Und so würde ich also den ersten Punkt des Vergleiches zwischen der „österreichischen Seele" und der „Kärntner Seele" mit einem Plus für Kärnten abschließen und Sie auch sehr bitten, alles zu tun, damit dies auch in Zukunft so bleibt. Denn immer wieder muß betont werden, wie entscheidend die ersten sechs Lebensjahre für den Menschen sind. Ob man ihn da sich entfalten läßt oder ob man ihn beengt, behindert; da fällt die Entscheidung, ob ich mich vom Leben zurückziehe, ängstlich in immer engere Bahnen, oder ob ich lustvoll den Lebensraum durchdringe. Und wenn man nach Kärnten kommt, so hat man immer den Eindruck, daß hier etwas drin ist von dieser wunderbaren, lustvollen Durchdringung des Lebensraumes, die eine wesentliche Voraussetzung dafür ist.

Und nun komme ich zur ZWEITEN THESE. Und diese zweite These, das ist eigentlich eine, die ich hier mit großem Zagen angehen muß, weil ich dabei um eine sehr unangenehme Realität nicht herumkomme. In der zweiten These, hinsichtlich der „Österreichischen Seele", habe ich gesagt, der Österreicher ist mit der nationalsozialistischen Zeit bis heute nicht fertiggeworden. Er verdrängt sie, er tut so, als hätte er damit nichts zu tun gehabt, als wäre er daran unbeteiligt gewesen. Er spielt sich zum ersten Opfer Hitlers auf, was das LAND zwar politisch war, aber die MENSCHEN in Österreich größtenteils nicht. Sie agierten als Mitläufer, Mitspieler, Kollaborateure — oft sogar als Anführer und Verstärker. Die schlimmsten Leute, die an der Vernichtung von Millionen beteiligt waren, kamen aus diesem Land, und wir verdrängen es; wir tun so, als wäre damals nichts gewesen und als ginge uns diese Zeit nichts an. Sie wird totgeschwiegen in den Lehrbüchern, besonders im Geschichteunterricht. Diskret schleichen wir uns um unsere Mitverantwortung herum, machen aus Beethoven einen Österreicher und aus Hitler einen Deutschen. In Kärnten ist es aber noch anders — ich weiß jetzt nicht, was man als das Schlimmste bezeichnen soll. Soll man es als schlimmer bezeichnen, wenn Menschen den Nationalsozialismus ins Unbewußte verdrängen und damit die Trauerarbeit nicht leisten, die Trauerarbeit, die notwendig ist über all das Furchtbare, was geschehen ist und was wir getan haben, beziehungsweise nicht getan haben (nämlich den Verfolgten beizustehen) oder wenn sie sich heute noch bewußt zum Nationalsozialismus bekennen. In Kärnten aber ist es so, daß man teilweise — bitte, ich sage jetzt ausdrücklich teilweise — den Nationalsozialismus gar nicht verdrängt, sondern bis zum heutigen Tage sich forsch, frei und fröhlich unter dem Motto: „Wenn alle untreu werden, so bleiben wir doch treu" zum Nationalsozialismus bekennt.

Nun möchte ich dazu einige Bemerkungen machen: Der Bundeskanzler Kurt von Schuschnigg, der in jeder Beziehung ein unglückseliger Mann war, hat einmal — ich glaube, im Jahre 1935 — gesagt: „Das beste wäre es, um Kärnten einen Stacheldraht zu ziehen und darüber zu schreiben: ‚Anhaltelager'." Das war ein schlimmes Wort, ein Wort, das zwar in diesem Ausmaß sicherlich nicht gestimmt hat, aber immerhin der Wahrheit nahe kommt. Denn, Ziffern sagen etwa folgendes: Es waren in dieser Zeit in fast allen Bundesländern 14 Prozent der Bevölkerung nationalsozialistisch organisiert, in Kärnten aber 38 Prozent! Kann man dazu sagen: Ach was, vergangen ist vergangen? Wie sieht denn die Lage heute aus? Ein lieber Freund hat dazu folgende Bemerkung gemacht: Sie kennen wahrscheinlich diesen „Scherz" oder dieses traurige Bonmot: Ich wiederhole es trotzdem: „Was ist Kärnten? Antwort: Ein Punschkrapferl, außen rosa, innen braun und immer unter Alkohol." In dieser extremen Formulierung stimmt natürlich auch diese Aussage nicht. Aber eines muß man mit aller Deutlichkeit sagen: Die Freiheitliche Partei Österreichs kann, selbst wenn sie in allen Ländern ihre Mandate verlieren sollte, doch in Kärnten mit hundertprozentiger Sicherheit auf ihr Grundmandat rechnen. Jetzt, bitte, überlegen Sie, was das bedeutet. Norbert Steger, als damaliger Chef der Freiheitlichen Partei, sagte: „Ich bin entschlossen, aus einer früher nationalen Partei jetzt eine liberale zu machen", eine sehr anständige Absicht. Wenn derselbe Norbert Steger allerdings dann erklärte: Mauthausen, das sei nicht so schlimm gewesen, nur eine „bescheidenere", sozusagen österreichische Dimension eines KZ, so konnte ich nicht recht glauben, daß das ein Beitrag dazu sein soll, eine nationale Partei zu einer liberaleren umzuformen. Aber auf alle Fälle ist er ja in der Zwischenzeit verjagt worden als Vorsitzender dieser Partei, wobei sich Szenen abgespielt haben, die keinen Zweifel daran lassen können, daß die Mehrheit seiner Parteigenossen einen eindeutig nationalen Kurs wünscht. Und ich möchte jetzt gar nicht in die Zentralsekretariate aller demokratischen Parteien in Kärnten hineinleuchten und weiß es dennoch, daß man hier bei jeder Wahl in der Wahlpropaganda auf die „nationale Wählergruppe" sehr sorgfältig Rücksicht nehmen muß, weil von diesen Wählern — die letzte Wahl hat es wiederum sehr deutlich gezeigt — ganz wesentlich jede Wahlentscheidung in Kärnten abhängig bleibt, bis zum heutigen Tage. (Ich komme später darauf noch einmal zurück.)

Es scheint mir sehr wichtig, in diesem Zusammenhang drei Begriffe näher zu diskutieren:

A) Zuerst einmal die Heimat. Ich glaube keineswegs, daß Heimat mit jenem Ort gleichzusetzen ist, an dem wir geboren sind. Um dies klarzustellen, muß ich nur mich selber zum Beispiel nehmen: Im Jahre 1921, in dem ich geboren bin, war es — meiner Meinung nach eine unverständliche — Sitte, daß die schwangere Frau in ihr Elternhaus fuhr, um dort das Kind zu entbinden. Also reiste meine Mutter trotz fast kriegsähnlicher Zustände, die damals noch zwischen Österreich und Rumänien herrschten, von Hollabrunn, wo mein Vater an der Lehrerbildungsanstalt unterrichtete, nach Temesvar — nein, nach Timisoara, denn im

Jahre 1918 mußte Ungarn dieses Gebiet an Rumänien abtreten. Wenige Wochen nach meiner Geburt wurde wieder die Heimreise angetreten. Seither muß ich immer wieder in allen Fragebögen Timisoara als meine Geburtsstadt angeben, aber sie wurde selbstverständlich deswegen nicht meine Heimat. Heimat ist in meinem Gefühl vielmehr entscheidend verbunden mit der KINDHEIT, mit unendlich emotionellen Erinnerungen, die uns aus den ersten Lebensjahren bewußt und viel mehr noch unbewußt beeinflussen; dann mit der Landschaft, welche die Heimat zu einem GEOGRAPHISCHEN Begriff macht; schließlich ist es die Sprache, welche aus ihr einen MENSCHLICHEN Begriff macht. Mit Recht sagen wir: „Muttersprache, Mutterlaut, wie so wonnesam, so traut", womit auf die Bedeutung der Sprache für den Heimatbegriff hingewiesen ist, auf die ich später noch zurückkommen werde. Schon jetzt aber sei soviel gesagt: Man muß zur Kenntnis nehmen, daß es eine Heimat geben kann, in der zwei oder sogar mehrere Sprachen „zuhause" sind. Durch die Sprache aber gewinnt jedenfalls die Heimat eine dritte, ihr unbedingt zugehörige Dimension, nämlich die GEISTIG-KULTURELLE. In jedem Gebiet herrscht nämlich — wenn man so sagen darf — ein geistiges Klima, das sich selbstverständlich auf das Kind auswirkt. Eine Frage muß in diesem Zusammenhang natürlich erörtert werden, nämlich: Wenn man vertrieben wird, kann man auch dann noch irgendwo eine neue Heimat finden? Diese Frage darf nicht grundsätzlich verneint werden, dennoch wage ich zu behaupten, daß dieser Prozeß ein sehr schwieriger ist und daß die neuen Wurzeln wohl lange nicht so tief sein können wie diejenigen, die in die Kindheit zurückreichen. Freilich kommt es dabei auch sehr auf die Frage an, unter welchen Umständen man die eigentliche Heimat verlassen hat, ob freiwillig oder gezwungenermaßen. Das letztere Schicksal hat niemand besser beschrieben als Alfred Polgar, wenn er sagte: „Die Heimat ist fremd geworden, aber die Fremde keine Heimat." Friedrich Torberg hat darüber ein unvergeßliches Gedicht geschrieben:

„SEHNSUCHT NACH ALT-AUSSEE
In Kalifornien, 1942

Wieder ist es Sommer worden,
dritter, vierter Sommer schon.
Ist es Süden, ist es Norden,
wo ich von der Heimat wohn?

Kam ich auf der wirren Reise
nicht dem Ursprung wieder nah?
Dreht die Welt sich noch im Kreise?
Ist es Sommer dort wie da?

Gelten noch die alten Strecken?
Streben Gipfel noch zur Höh?
Ruht im bergumhegten Becken
noch der Altausseer See?

Bot sich einst dem Blick entgegen
spiegelschwarz und wunderbar.
Himmel war nach manchem Regen
bis zum Dachsteingletscher klar.

Kulm und Kuppe: noch die kleinern
hielten Wache rings im Land.
Aufwärts ragten grün und steinern
Moosberg, Loser, Trisselwand.

Ins Plateau zu hohem Rahmen
wölbte sich die Pötschen schlank,
und es wuchsen die Zyklamen
nur auf ihrem drübern Hang.

Ach, wie war ich aller Richtung
sommerlich vertrautes Kind!
Ach, wie war mir Wald und Lichtung,
Bach und Mulde wohlgesinnt!

Treibt's mich heut zum See? Zur Klause?
Treibt's mich heut zur Blaa-Alm hin?
Wird's beim Fischer eine Jause?
Wird's ein Gang zur Wasnerin?

Wo die Triften sanft sich neigen
vom Geröll zum Flurgeheg —
Sag, wo ist's, daß sich verzweigten
Hofmannsthal- und Schnitzlerweg!

Ach, wo hat's mich hingetrieben!
Pötschen weiß ich, und Plateau.
Aber welcher Hang ist drüben?
Aber die Zyklamen — wo?"

In ähnlicher Weise schreibt Sigmund Freud, mit knapper Not den Nazis entronnen, aus London: „Das Triumphgefühl der Befreiung vermengt sich zu stark mit der Trauer, denn man hat das Gefängnis, aus dem man entlassen wurde, immer noch sehr geliebt."

Für den psychischen Haushalt des Menschen sollte meiner Meinung nach Heimat eine ungeheure Bedeutung haben, denn wir leben in einer zentrifugalen Welt, das heißt, alle Menschen sind auf der Flucht vor sich selbst. Wir brauchen aber den Mittelpunkt; der „Verlust der Mitte", wie das Hans Sedelmayer genannt hat, ist schlimm für uns. Wir können sie finden im kleinsten Sinne in der Wohnung und im größeren Sinne in der Heimat. Unsere Welt ist voll von Flüchtlingsströmen, die nirgendwo zuhause sind (im vergangenen Jahr nach Feststellung des amerikanischen Komitees für Flüchtlingsfragen 13,3 Millionen).

Heimatgefühl im Sinne des Bodens, aus dem ich komme, in dem ich Wurzeln geschlagen habe, der Menschen, unter denen ich mich befinde, mit denen ich Verbundenheit suche, ein Gemeinschaftsgefühl im Adlerschen Sinne entwickelt habe, ist also meiner Meinung nach absolut zu bejahen. Aber man darf nicht übersehen, daß eine Überbetonung dieses Begriffes eine ungeheure Gefahr in sich birgt, worauf ich noch zurückkommen werde.

B) Nation. In meiner „Neuen Rede über Österreich" habe ich als eine große Hoffnung Österreichs für die Zukunft die Tendenz bezeichnet, daß nun endlich das entwickelt wird, was man als die „österreichische Nation" bezeichnen kann und — so Gott will — bezeichnen wird. Sowohl was die Nationalität als auch was die Demokratie betrifft sind wir Österreicher eben später zum Zuge gekommen als andere Länder und daher noch im Stadium von Lehrlingen. Wir wollten um jeden Preis eine Großmacht sein, was wir auch jahrhundertelang waren, indem wir den Kaiser des Römischen Reiches deutscher Nation stellten, bis uns Bismarck 1866 aus dieser Position vertrieb, nachdem 1806 Franz II. diese Würde bereits niedergelegt hatte. Nun versuchten wir uns einen Ersatz für unsere „Großmannssucht" dadurch zu schaffen, daß wir nach dem Osten und Südosten hin die österreichisch-ungarische Monarchie aufbauten. Auch aus dieser Vormachtstellung wurden wir, diesmal aber sogar „zu Recht", verjagt, weil wir nicht imstande waren, eine Art „Vereinigte Staaten von Mitteleuropa" zu schaffen, in denen alle Nationen dieses Staatengebildes gleiche Rechte besaßen. Die „demütigende" Position als „kleiner Rest" (Clemenceau) wollten wir nicht erdulden, und das war zweifellos ein entscheidender Grund für die Sehnsucht der „Deutschösterreicher", „heim ins Reich" zu kommen und auf diese Weise wieder eine „Machtposition" einnehmen zu können. Als Hitler 1938 diesen „Traum" erfüllte, führte er ihn in einer Weise durch, daß die Mehrzahl der Österreicher von diesem Wunsche geheilt wurde. Statt Anteil an der „Macht" zu haben, wurden wir in die Position von Untergebenen getrieben, die außerdem einen besonders hohen Blutzoll für die Verwirklichung Hitlerscher Wahnideen zu zahlen hatten. Daher ist 1945, glaube ich, mit 1918 verglichen, eine ganz andere Situation eingetreten. Der Österreicher bejaht nun sein Land, auch wenn es klein ist, und entwickelt sich hin zum Bekenntnis, daß österreichisch und deutsch grundverschiedene Dinge sind. In den letzten Jahrhunderten ist ja dieses Land zum Schmelztiegel der Vermischung verschiedener Nationen geworden, der auch dementsprechend einen ganz neuen Menschentyp, sehr unterschiedlich von den Deutschen, geschaffen hat. Natürlich ist dabei der Begriff der „österreichischen Nation" insofern mit einer gewissen Vorsicht zu verwenden, als er von einem falschen Nationenbegriff unterschieden werden muß. Ich weiß dafür keine bessere Definition als die von Erwin Peterseil: „Im heutigen sieht man den Begriff der Nation nicht als idealisierte Abstammungs- und Rassenlehre, sondern bezieht ihn auf die Verhältnisse der Gegenwart: politische Gemeinschaft als staatstragende Kraft mit einem gemeinsamen Territorium, gemeinsamem Wirtschaftsleben, politischer und kultureller Eigenständigkeit, geschichtlicher Tradition und Willen zur Zusammengehörigkeit."

Zusammenfassend könnte man also sagen: wir sind vor 100 Jahren mit Gewalt aus dem deutschen Reich eliminiert und bei unserem „Wiedereintritt" vor 50 Jah-

16

ren wie Sklaven behandelt worden. Genügt das nicht, um uns endgültig von dieser „Sehnsucht" zu heilen, haben wir nicht davon nunmehr genug? Ich glaube, daß sich unser „Unbewußtsein" bezüglich einer österreichischen Nation, das sich ja bereits seit 1945 entwickelte, nunmehr in ein Bewußtsein verwandelt. Die Schweiz, die Ähnliches vor vielen Jahrhunderten erlebte, könnte unser Vorbild sein. Auch wir sollten sagen: „Wir wollen sein ein einig Volk von Brüdern, in keiner Not uns trennen und Gefahr," anstatt zwischen den Bundesländern lächerliche Kämpfe zu veranstalten, wie wir es tun. Auch wir sollten zur Einheit in der Verschiedenheit aufrufen, wie es die Schweiz mit vier Sprachen tut, die in Freundschaft innerhalb ihrer Grenzen leben. Wir sollten spät, aber doch, diese Entwicklung nachholen und nicht schon wieder in einer überhasteten Tendenz gewisser Kreise, in die EG zu kommen, diesem unserem eigenen Aufbauprinzip ausweichen und wieder Großmachtwünsche verwirklichen wollen.

Wer den Begriff der „österreichischen Nation" so versteht, der wird auch abgesichert sein in einen „Nationalismus" zu verfallen, womit wir beim dritten Begriff angekommen sind.

C) Nationalismus. Dieser kennzeichnet sich dadurch, daß er, statt auf eine Gemeinschaft, in der jeder sich seine freie Denkungsweise bewahrt, auf eine Vermassung hinausläuft. Unter der Devise „Einer allein ist nichts, die Gemeinschaft ist alles" wird ein Kollektiv gebildet, in dem der Führer oder die Führung über alles entscheidet und die anderen, die ihren Verstand sozusagen an der Garderobe abgegeben haben, blind gehorchen („Führer befiehl, wir folgen Dir"). Die nationalen Ideen werden dabei im Gefolge einer Wertverschiebung innerhalb der „Hierarchie der Werte" an die Spitze gestellt: „Blut und Boden" ist das Wichtigste, das eigene „Reich" muß erweitert werden; es werden durch primitive Schwarz-Weiß-Zeichnung Feindbilder geschaffen, die einen doppelten Vorteil bringen: in ihrem Zeichen kann man sich zu einer „verschworenen Masse" vereinen und hat nicht nur das Recht, sondern sogar die Pflicht, gegen die vermeintlichen Feinde vorzugehen. Die Über-Ich-Struktur wird völlig verwandelt; was unter normalen Umständen verboten ist, wird nun nicht nur erlaubt, sondern zur Tugend, die prämiert wird: Aggression, Mord und Totschlag. Von dieser Verwandlung der Über-Ich-Werte ist auch besonders das Los der sogenannten Schwachen betroffen. Sie sind dann lebensunwert, ihre Vernichtung ist nicht nur nicht verboten, sondern wünschenswert. Im Zusammenwirken all dieser Faktoren erfüllt sich das schreckliche Wort von Grillparzer: „Von der Humanität über die Nationalität zur Bestialität". Es muß mit allem Nachdruck gesagt werden, daß zwar an und für sich bei all diesen Vorgängen keine „Kollektivschuld" entsteht, weil Schuld immer etwas Persönliches ist, daß aber sehr wohl jeder Einzelne dafür persönlich verantwortlich bleibt, wie sehr er bereit war, sich in ein solches Kollektiv mit all seinen grauenhaften Folgen einzuordnen oder sich einordnen zu lassen.

Was nun die diesbezügliche Lage in Kärnten betrifft, so können wir nicht übersehen, daß gerade in diesem Land ernste Tendenzen bestehen, den Heimatbegriff im pathologischen Sinn zu mißbrauchen und ebenso aus der österreichischen Nation eine deutsch-österreichische und vielleicht sogar einen rein deutschen Nationalismus zu machen. Man denke nur an den Heimatdienst und an die Stärke der Freiheitlichen Partei in Kärnten, die gerade in diesem Zusammenhang kein Zufall sein kann. Man lese Peter Gstettners Buch „Zwanghaft deutsch?", um klar zu erkennen, daß die Sprache des Heimatdienstes die Grenze zum deutschnationalen, ja nationalsozialistischen Denken nicht nur erreicht, sondern zu wiederholten Malen bei weitem in beunruhigendem Ausmaß überschreitet: Hier besteht eine unheimliche Verwandtschaft, ja vielfach sogar eine Identität. Ich weiß, Kärnten ist ein Grenzland und war zweimal bedroht, von Österreich losgelöst zu werden. Ich versuche so gut ich kann, mich an dies zu erinnern und es als eine Motivation für den pathologischen Heimatbegriff beziehungsweise für die Verherrlichung des Nationalen zu verstehen. Dennoch aber muß gesagt werden, daß heute eine diesbezügliche Bedeutung in keinster Weise besteht. Wie jüngst gesagt wurde: „Die Gefahr, daß die Slowenen sich von Österreich trennen wollten, ist etwa so groß als die, daß Österreich in Bayern einmarschiert." (Klaus Ottomeyer). Dieser Vergleich trifft meiner Überzeugung nach den Nagel auf den Kopf. Ich bitte daher alle Kärntner, gerade in diesem Lande sehr sorgfältig zwischen einem Bekenntnis zur Nation (Österreich und nicht Deutsch-Österreich!) und einer Ideologie zu unterscheiden, die getränkt war und ist von Unmenschlichkeit.

Schauen Sie, bei der Frischenschlager-Reder-Affäre war vielleicht gar nicht das Schlimme oder das Schlimmste das, was der Frischenschlager getan hat. Das Schlimmste waren teilweise die Reaktionen, und die kamen besonders aus Kärnten. Und da fühle ich mich nun verpflichtet — wenn ich einen solchen Vortrag halte, kann ich darüber nicht schweigen, sonst wäre er sinnlos —, hier zur Besinnung aufzurufen und in Liebe das einzuleiten, was man als eine Metanoia, einen Umdenkprozeß, bezeichnet.

Ich schließe mit einem Gedanken: Wenn heute zwischen den Alten und den Jungen in Österreich eine solche Entfremdung besteht — ich weiß nicht, wie es diesbezüglich spezifisch in Kärnten der Fall ist —, so geschieht es nicht zuletzt deswegen, weil die Jungen eben für diese Vorstellungen der Alten kein Verständnis mehr haben. Und wie der frühere Bürgermeister von Berlin, Albertz, einmal gesagt hat: „Wer je einmal seinen Vater über seine Fehler weinen gesehen hat, der wird ihn nie im Stich lassen." Und nun wäre es an der Zeit, daß diese Generation, solange sie noch lebt, Abschied nimmt von ihren Vorstellungen und ein Umdenken einleitet. In Österreich ist die Methode, die Vergangenheit zu bewältigen, folgende: man wartet, bis die Betreffenden tot sind, dann wird sich „eh von selbst alles legen". Ich möchte Ihnen aber sagen, aus der Erfahrung des Psychotherapeuten gesprochen — ich komme im nächsten Punkt darauf zurück —, ist das völlig falsch. Mit Toten gibt es keine Bereinigung des Konfliktes. Man muß den Konflikt lösen, SOLANGE DIE MENSCHEN AM LEBEN SIND, und zu dieser Konfliktlösung möchte ich aufrufen, heute, sonst hätte ich keine Legitimation, diesen Vortrag zu halten.

Auf vielen Gebieten haben wir diesbezüglich immer noch viel zu wenig gelernt. Konfrontiert mit dem Trümmerhaufen, den Hitler zurückgelassen hat, haben wir durch einen Anlauf ohnegleichen zwar in wenigen Jahren einen Wiederaufbau vollbracht und die Trümmer einer unseligen Zeit zum größten Teil beseitigt. Ich glaube aber, daß wir dabei nur den MATERIELLEN Schutt und nicht den SEELISCHEN weggebracht haben. Ich erinnere mich in diesem Zusammenhang an eine Szene, als Bundeskanzler Ignaz Seipel in den zwanziger Jahren aus Genf zurückkam und von den Österreichern umjubelt wurde, weil er dort unser Budget durch den Nachlaß der Reparationsforderungen durch die Alliierten ins Gleichgewicht gebracht hatte. Er antwortete zurückweisend: „Nun haben wir zwar unser Budget saniert, aber etwas anderes wäre noch viel wichtiger: die Sanierung unserer Seele." Und wenn ich in diesem Zusammenhang auf den von uns nunmehr weggeräumten Schutt blicke, so kommt es mir vor, als hätten wir auch jetzt darüber vergessen, den seelischen Schutt, den wir in dieser Zeit angehäuft haben, zu beseitigen, ja, es will mir manchmal sogar scheinen, als hätten wir deswegen so fanatisch körperlich gearbeitet, damit wir uns dieser zweifellos noch wichtigeren Aufgabe entschlagen können. Drei Aufgaben, die uns in diesem Zusammenhang bleiben, möchte ich hier abschließend besonders erwähnen, weil es dafür nie zu spät ist.

Erstens: Vergangenheitsbewältigung, besser gesagt: Vergangenheitsannahme oder Vergangenheitsaneignung (Maimann), das ist eine Art Beichte vor dem eigenen Ich, eine aufrichtige Gewissenserforschung, ein langwieriger Prozeß, der ja eigentlich nie aufhören kann. Dichten heißt „Gerichtstag halten über sich selbst", hat Ibsen gesagt. In unserer Vergangenheitsaneignung geht es aber immer wieder darum, soviel zu unserem eigenen Vorteil Erfundenes, „Erdichtetes, Erschwindeltes", das mit der Wahrheit nicht übereinstimmt (aber von uns gern geglaubt wird, damit wir vor uns selbst halbwegs bestehen können), als Lüge zu durchschauen und stattdessen die Wahrheit zuzulassen. Auch einzugestehen, daß man sich geirrt hat, gehört dazu. Niemand ist berechtigt, diese Beichte von uns zu verlangen, gar sie uns abzunehmen; es handelt sich UM EINEN DIALOG IN UNSEREM EIGENEN INNEREN, bei dem es sich zeigen wird, um mit Nestroy zu sprechen, „wer stärker ist — i oder i", die Wahrheitsfindung oder die Verleugnung in mir.

Gar kein Zweifel, das sind die schwersten Dinge, die sich ein Mensch abverlangen kann, aber auch die wichtigsten. Sich selber eine Schuld einzugestehen, ist schwer — aber die Schuld kann glückbringend werden, wenn sie uns Einsicht vermittelt, die uns die Zukunft anders als bisher gestalten läßt; Einsicht, die allen Menschen, mit denen wir zu tun haben, zugute kommt, nicht nur uns. Denn wenn auch der Akt der Selbstbesinnung unser eigenstes Geheimnis, unser Privatissimum bleiben soll — die Folgen dieser Besinnung gehören allen, denn wir sind ja Gemeinschaftswesen, und eine neue Haltung muß sich auch in der Öffentlichkeit auswirken.

Zweitens eine Frage: Müssen auch junge Menschen Selbstbesinnung bezüglich der NS-Vergangenheit betreiben? Die Antwort darauf: Selbstverständlich. Ich kenne wenig Aussprüche, die so gefährlich sind wie der von der „Gnade der späten Geburt". Es ist klar, bei den Nachgeborenen kann es sich nicht um persönliche Schuld handeln. Aber diese Jugend steht unter einer doppelten Verpflichtung: Zuerst einmal hat sie sich auseinanderzusetzen mit ihren (Groß-)Eltern, die ja im Falle von Österreich mindestens sieben Jahre in einer Mordgesellschaft gelebt haben; mitten unter uns sind ja diese Vernichtungen erfolgt. Ob man davon gewußt hat oder nicht — so etwas muß schwere und langanhaltende Verwirrungen mit sich bringen. Zudem habe ich schon wiederholt darauf hingewiesen, daß die (Groß-)Eltern ja bisher kaum bereit waren, über die Geschehnisse dieser Zeit mit ihren Kindern zu diskutieren.

Es gilt also, hier zu erreichen, daß die Jugend von sich aus immer wieder von neuem den Dialog mit den Eltern sucht. Aber dann ist noch eine andere Pflicht da: Wenn einmal so etwas geschehen ist wie der Holocaust, dann hat jede Generation wahrscheinlich über viele weitere Jahrhunderte hinaus die Pflicht, diese Problematik von neuem durchzuarbeiten, sich zu fragen, wie es geschehen konnte, und sich zu überlegen, was gemacht werden muß, um eine Wiederholung für alle Zeiten unmöglich zu machen. Ich möchte in diesem Zusammenhang das Wort von Adorno zitieren: „Das wichtigste Ziel unserer Erziehung müßte sein, Voraussetzungen dafür zu schaffen, daß sich ein Holocaust, in welcher Art auch immer, nie mehr wiederholen kann."

Einige Sätze von Nietzsche seien hinzugefügt: „Denn da wir nun die Resultate früherer Geschlechter sind, sind wir auch die Resultate ihrer Verirrungen, Leidenschaften und Irrtümer, ja Verbrechen; es ist nicht möglich, sich ganz von dieser Kette zu lösen. Wenn wir jene Verirrungen verurteilen und uns ihrer für enthoben erachten, so ist die Tatsache nicht beseitigt, daß wir aus ihnen herstammen."

Drittens: Ich muß leider die Behauptung aussprechen, daß viele Menschen heute noch in diesem Lande zumindest Reste nationalsozialistischen, also unmenschlichen Denkens mit sich herumtragen. Dies hat natürlich einen großen Einfluß auf viele ihrer Weltanschauungsauffassungen und ihre daraus resultierenden Verhaltensweisen. Ich möchte in diesem Zusammenhang besonders an die Einstellung der Österreicher zu den Schwachen, zu den Außenseitern, zu den Minderheiten (Slowenen), zu den körperlich und psychisch Kranken erinnern. Nach wie vor bleibt es dabei: Das sicherste Kennzeichen der faschistischen Gesinnung ist die Verachtung der Schwachen. Würden wir uns jedoch zu ihnen bekennen, wäre dies die beste Faschismusprophylaxe und zugleich ein Indikator dafür, wieweit es uns gelungen ist, den Schutt einer tragischen Vergangenheit loszuwerden.

ZUR DRITTEN THESE: Ich habe in der dritten These der „Österreichischen Seele" die Behauptung aufgestellt, daß in Österreich diejenigen Leute nicht erwünscht sind, die die Verdrängung aufheben, die die Vergangenheit analysieren, weil der Österreicher es nicht wünscht, mit unangenehmen und peinlichen Dingen konfrontiert zu werden.

Nun, ich muß bei dieser Gelegenheit etwas sagen, was etwas Unangenehmes ist für Euch. Psychotherapie betreiben heißt, der eigenen Vergangenheit ins Auge sehen, den persönlichen Fehlern und dem Versagen, dies einzugestehen. „Errare humanum est" — Irren ist menschlich, in mehr als einer Beziehung. Erstens, weil wir fehlbar, weil wir schwache Menschen sind. Aber noch etwas Zweites ist im „Irren" drin, etwas Großartiges. Wenn ich meinen Irrtum erkenne, wenn ich ihn eingestehe, dann bin ich imstande, mich in Zukunft besser zu verhalten. Durch Schaden klug zu werden, ist nur dem vergönnt, der erkennt, warum er den Schaden erlitten hat. Also, Selbsterkenntnis, Selbstanalyse, ist ein entscheidender Punkt. Diejenigen, die ihre Vergangenheit nicht kennen, sind dazu verdammt, sie in der Zukunft wiederzuerleben. Wer wollte das? Und jetzt bin ich bei einem entscheidenden Punkt. Dazu ist die Psychotherapie erfunden worden, von Freud und von Adler, daß Menschen, deren Lebensweg sich negativ entwickelt hat, eine Möglichkeit bekommen, diesen Lebensweg zu korrigieren. Jean-Paul Sartre hat gesagt, Psychotherapie ist der Versuch, eine mißglückte Beziehung der Kindheit durch eine geglückte Beziehung zum Psychotherapeuten zu korrigieren.

Meine Damen und Herren, das ist kein Wundermittel, das bleibt ein Problem, weil man ja nicht weiß, ob man zum Psychotherapeuten, ob der Psychotherapeut zum Patienten „paßt". Dies ist ja ein Geheimnis und eine Schwierigkeit. Und doch ist es eine große Chance, vielleicht die einzige Chance, die der Mensch, der in der Kindheit neurotisiert wurde, hat. Und wenn ich auch in der ersten These gesagt habe, daß erfreulicherweise oft die Erziehung des Kärntners keine neurotisierende ist, so bleiben doch noch immer unzählige Fälle übrig, die einer solchen Korrektur und damit einer Psychotherapie bedürfen. Ich habe über den Österreicher gesagt, erstens, daß er in der Mehrzahl gar nicht weiß, was Psychotherapie ist — wahrscheinlich erstens deswegen, weil es eine österreichische Erfindung ist und wir natürlich zu einer österreichischen Erfindung ipso facto ein negatives Verhältnis haben. Zweitens einmal, weil das eine Erfindung ist, die versucht, den Menschen mit sich selber zu konfrontieren und weil wir dieser Konfrontation ausweichen wollen. Und drittens, weil es eine jüdische Erfindung ist. Freud und Adler waren eben Juden, und deswegen wollen wir diese Entdeckungen bis zum heutigen Tage — einen schrecklichen Antisemitismus mit uns schleppend — nicht wahrhaben. Und so geschieht folgendes: Die Menschen, die einer Psychotherapie bedürfen, fühlen sich als Minderwertige, als Gebrandmarkte, als Stigmatisierte. Die einen sagen: ein tüchtiger Mensch wird mit sich selber fertig, der braucht keine Hilfe. Die anderen sagen — das sind die Religiösen: Der kann nicht religiös sein, denn wenn er religiös wäre, würde er schon auf Gott vertrauen und dann würde seine Neurose schon bald von alleine gut werden. Und so leiden die Menschen, die eines Psychotherapeuten bedürfen, doppelt — an ihrer Erkrankung und der Verachtung durch die Gesellschaft —, gehen heimlich bei Nacht und Nebel zum Therapeuten, damit es nur ja niemand sieht. Ich habe einmal einen sehr prominenten Fotografen in Psychotherapie gehabt. Unseligerweise mußte er vor meinem Zimmer etwas warten — was bei mir leider öfter vorkommt — und unglückseligerweise traf er einen Kollegen. Nun war es ihm so peinlich, daß er vor meinem Zimmer gesehen wurde, daß er die Türe aufriß und mich anschrie: „Herr Professor, kann ich jetzt endlich die Fotos von ihnen machen?" Ja, meine Damen und Herren, es ist eine schreckliche Diagnose in diesem „Blitzlicht", eine furchtbare Diagnose. Aber, und jetzt komme ich zu einem entscheidenden Punkt: In Kärnten ist die Diagnose noch viel schlimmer, weil man in Kärnten auch bei Nacht und Nebel und verkleidet nicht zum Psychotherapeuten gehen kann, da es ihn im großen und ganzen noch nicht gibt. Und da ich weiß, daß der Herr Vertreter des Herrn Landesrates zugegen ist, der für die Gesundheit zuständig ist, bitte ich diesen Herrn, nicht ungehalten zu sein, wenn ich jetzt die Wahrheit sage, sondern diese Kritik anzunehmen und endlich einmal zu versuchen, daß dies ein Land wird, wo die Kärntner nicht bis Graz oder bis Wien laufen müssen, um eine Psychotherapie zu erhalten. Ich spreche ja nur im Interesse Kärntens, wenn ich das sage, auch ich gebe die Hoffnung nicht auf. Ich habe einmal gesagt, Österreich lebt so, als hätten Freud und Adler nicht gelebt, und ich hoffe, daß man das bald in Kärnten nicht mehr sagen kann, sondern daß man dann feststellen wird: Ja, es gibt viel Wunderbares und Vorbildliches — auch gerade Medizinisches, was die Psyche betrifft — in Kärnten. Es wäre also von besonderer Wichtigkeit, daß der Wunsch des Menschen, nämlich die Chance zu bekommen, eine Psychotherapie zu erhalten, auch in Kärnten realisierbar wird.

23

Vielleicht war es ein Glück, daß sich die Fertigstellung dieses Manuskriptes ein paar Jahre hinausgezogen hat, denn so darf ich heute mit großer Freude und Dankbarkeit feststellen, daß tatsächlich in der Zwischenzeit erste Ansätze für eine Wendung des psychiatrischen Denkens und psychotherapeutischer Möglichkeiten in Kärnten gegeben sind. Ich bin nicht so arrogant, zu glauben, daß dies auf meine Rede in Keutschach (und andere ähnliche) zurückgeht. Es kommt aber gar nicht auf die Urheber an, sondern nur auf die Früchte, und die beginnen sich nunmehr deutlich zu entwickeln, wobei man freilich nicht aufhören darf, innig um eine Fortsetzung und Erweiterung dieser ersten guten Anfänge zu bitten.

Man darf dabei die soziale Komponente, die mit der Psychotherapie verbunden ist, nicht vergessen. Viele Menschen können sich eine „private" psychotherapeutische Behandlung nicht leisten. Dabei ist es allerhöchste Zeit, daß die Krankenkassen bereit sind, diesbezügliche Kosten zu übernehmen. (Dieses Problem ist österreichweit noch nicht befriedigend gelöst.)

ZUR VIERTEN THESE habe ich nur eine Assoziation: „Nimm' alle Kraft zusammen, die Lust und auch den Schmerz", denn sie ist vielleicht die mühsamste. Ich habe in der „Österreichischen Seele" von der Zweizimmerwohnung des Österreichers gesprochen. Das Bild stammt nicht von mir, sondern von einem holländischen Maler. Der hat gesagt: „Der Österreicher ist so: Er hat ein schönes Zimmer, da empfängt er jedermann, aber das zweite Zimmer, das ist verrammelt, ein düsteres Loch, das ist ein finsterer Abgrund, und in dieses zweite Zimmer läßt er niemanden schauen." Nun möchte ich Ihnen sagen: Wenn der Kärntner ein zweites Zimmer dieser Art hat, so ist es sicher viel kleiner und noch immer viel freundlicher als das der anderen Bundesländer: Das ist ein erfreulicher Vergleich, der dadurch zustande kommt, daß der Kärntner es wagt, seine Gefühle auszudrücken, auch dann, wenn diese Gefühle schmerzhaft sind, auch wenn er mit diesen Gefühlen Kritik übt (siehe die erste These). Dennoch, meine Damen und Herren, obwohl dieses zweite Zimmer des Kärntners wohnlicher ist, finden wir auch hier Angst und Mißtrauen. Und diese Angst und dieses Mißtrauen hängen sehr wesentlich mit dem Problem zusammen, daß es in Kärnten eine Minderheit der Slowenen gibt. Wenn ich das Wort Kärnten übersetze, so darf ich mit aller Vorsicht darauf hinweisen, daß „Kärnten" nach glaubwürdiger Darstellung sich von den „Carinthiae" ableitet, und die waren ganz solide Slawen. Und es ist vielleicht gerade diese Verdrängung einer längst zurückliegenden Vergangenheit, die man nicht wahrhaben will, welche dann zu einer überkompensatorischen Verhaltensweise führt, wobei alles Fremde, besonders aber das Slawische, abgelehnt und das sogenannte Deutsche überbetont wird. Der „Kampf mit der slawischen Minderheit" dient dann dazu, das eigene Minderwertigkeitsgefühl zu überwinden und sich dadurch (also auf Kosten der Slowenen) zu einer größeren Selbstsicherheit „emporzuturnen".

Jeder Staat sollte es als große Aufgabe empfinden, wenn ihm Minderheiten anvertraut werden, denn die Minderheiten sind nach meiner Überzeugung eine Prüfung echter Menschlichkeit, weil sie in gewissem Sinne immer schwach sind, ausgesetzt, Hilfe und Unterstützung brauchen, und das ist eine herausfordernde Chance für die Majorität, ihnen diese Unterstützung auch zuteil werden zu lassen. Wir sollten in einer Welt leben, wo nicht nur die Starken und Mächtigen etwas zu sagen haben, sondern eben auch den Schwächeren die Gleichberechtigung nicht verweigert wird.

Der Begriff „Demokratie" bedeutet zuerst, daß jeder die Möglichkeit hat, zu denken, wie er will und dies auch zu äußern, ferner, daß auch die in der Minderheit bleibenden Parteien geachtet werden. Eine andere Definition der Demokratie besagt, daß sie dazu da ist, aus Betroffenen Beteiligte zu machen. Nirgends haben wir nun eine so gute Gelegenheit und auch einen solch entscheidenden Prüfstein, als dies eben bei den Minderheiten zu beweisen.

Wenn man bei dieser Prüfung versagt, so ist es natürlich eine lächerliche Ausrede und kann keinesfalls als Entschuldigungsgrund gelten, daß es andere auch nicht besser, ja vielleicht sogar noch schlechter machen. Wohl aber wird man fragen müssen, warum man sich überall so oft an Minderheiten versündigt?

Um diese Frage zu beantworten, müssen wir auf die Psychologie der Mehrheit und der Mächtigen eingehen und prüfen, unter welchen Umständen die Mehrheit ihre Verpflichtung, die Minderheit zu unterstützen und zu respektieren, nicht wahrnimmt. Da möchte ich zuerst einen Vergleich bringen mit dem primärsten Beispiel der Beziehung zwischen „Mehrheit und Minderheit", zwischen „stark und schwach", das es in unserer Geschichte gibt: Das ist nämlich die Relation zwischen „Eltern und Kind". Die Eltern sind im Besitz aller Macht, aller Stärke; das Kind ist diesen Eltern ausgeliefert.

Nun, die Tragödie besteht darin, daß die Eltern oft, und ganz besonders in unserem Lande, diese Position mißbrauchen, um den Kindern ihren Willen aufzuzwingen (wie bereits früher ausgeführt). Dies geschieht gewöhnlich nicht aus Tücke und böser Absicht, sondern weil das Gefühlsleben der betreffenden Eltern gestört ist. Es ist ihre Unsicherheit, ihre Angst, ihr Minderwertigkeitskomplex, ihre unbefriedigte Liebessehnsucht, ihr Machtanspruch, kurzum ihr komplexhaftes emotionales Defizit, welches sie auf Kosten des Kindes auszugleichen bemüht sind. Genauso verhält es sich nun zwischen Mehrheit und Minderheit. Eine Mehrheit, die Selbstvertrauen hat, die ausgeglichen, harmonisiert ist, die in sich ruht, die wird vom ersten Moment an die Minderheit respektieren und unterstützen. Eine Mehrheit, die verunsichert ist, die Angst hat, die nicht weiß, wie sie mit sich selbst zurechtkommen soll, die wird ihre Macht mißbrauchen. Es ist immer so: Ich-Unsicherheit bleibt kombiniert mit Ich-Haftigkeit. Je unsicherer eine Mehrheit ist, desto mehr wird sie versuchen, ihre Machtposition zu mißbrauchen und dadurch scheinbar Sicherheit zu gewinnen. Und je uneiniger sie ist, desto mehr braucht sie die Minderheit, um sich wenigstens ihr gegenüber zu einigen.

Ein Land, das in sich zerstritten ist, wird sofort zu einer Einheit, wenn irgendwo ein Gegner, ein Feind, auftaucht, gegen den sich nun alle verbünden. Viele Kriege sind begonnen worden, um von innenpolitischen Schwierigkeiten abzulenken. Kaiser Wilhelm II. tritt 1914 ans Rednerpult und schreit: „Ich kenne keine Parteien mehr, sondern nur mehr Deutsche!" Das also ist der Solidarisierungseffekt, zu dem sehr oft nicht nur ein äußerer, sondern auch ein „innerer Feind", am besten eine Minderheit, gesucht wird, denn da kommt der Vorteil hinzu, daß sie ja schwach und ihre Bezwingung daher mit keinem Risiko verbunden zu sein scheint.

Den Vorwand für diese ungute Solidarisierung liefert eine gezielte Propaganda. Sie beruht auf einer primitiven Schwarz-Weiß-Malerei: für uns die besten Eigenschaften; unsere schlechten sind verschwunden — die findet man dafür mühelos in der Minderheit, im Nachbarvolk und so weiter. Der Propagandaapparat arbeitet mit allen Kräften, um das „Feindbild" zu intensivieren und den Menschen eine Brille aufzusetzen, durch welche sie nur mehr das durchlassen, was mit ihrem Vorurteil übereinstimmt. Wissenschaftlich gesprochen werden sie damit in die „tendenziöse Apperzeption" hineingetrieben. Durch sie sehen sie die Dinge nicht mehr so, wie sie tatsächlich sind, sondern so, wie sie sie sehen wollen. Bemerken wir einen, der nichts taugt, dann schreien wir gleich: Was habe ich gesagt, die sind alle nichts wert (jede Verallgemeinerung ist ja unstatthaft); sehen wir aber einen, der was taugt, dann wollen wir das nicht wahrhaben. Das ist die verhängnisvolle Brille, das sind die ungeheuren Fehlmeinungen, die wir durch sie aufbauen und zwischen uns nähren und die natürlich die menschlichen Beziehungen vergiften, weil solche falschen Vorstellungen, wie die Geschichte tragisch lehrt, nur sehr schwer zu korrigieren sind. Diese Projektion könnte man auch bezeichnen als „Verteufelung des anderen". An dieser Stelle möchte ich ein Lied meines Freundes Georg Kreisler zitieren, welches in unnachahmlicher Art den Prozeß einer solchen Verteufelung beschreibt:

„DIE HEXE

Die Dame nebenan — sie ist eine Hexe —
Drum kommt sie kaum heraus.
Sie malt am Abend kleine weiße Kleckse,
Die wir nicht seh'n, vor'm Haus.
Die Hexen können Kleckse sehr gut lesen,
Und kommen dann aufd' Nacht mit ihren Besen,
Und sitzen eng beisammen in der Gruppe,
Und kochen eine fürchterliche Suppe
Im Küchenofen drin
von unsrer Nachbarin.
Drum hängt der Rauch so tief in unserm Rauchfang
Und steigt so schwer hinauf —
Und eine Krähe
Bleibt in der Nähe —
Kinder, paßt's auf!

Die Dame nebenan, hab ich erfahren,
Die stammt auch nicht von hier —
Sie ist schon da seit ziemlich vielen Jahren,
Doch ist sie nicht wie wir.
Sie sieht zwar aus wie andre alte Fraun —
Doch ist sie schlau und arrogant — nicht z'traun!
Sie lebt nach außen grad' so wie wir alle,
Doch stellt sie uns damit nur eine Falle,
Denn sie denkt nur daran,
Wie sie uns täuschen kann.
Ja, bei Tag, da tut sie freundlich und verbindlich,
Aber wer sieht sie bei Nacht?
Bleibt diesem Weibe
Lieber vom Leibe —
Kinder, gebt's acht!

Die Hexe nebenan darf nicht hier bleiben,
So kann's nicht weitergehn!
Es ist bestimmt nicht leicht, sie zu vertreiben —
Und doch, es muß gescheh'n!
Von jetzt an kehrn wir alle ihr den Rücken,
Und spucken aus, sobald wir sie erblicken,
Und schicken ihr ein anonymes Schreiben,
Und schmeißen ein paar Steine durch die Scheiben —
So lang', bis sie versteht:
Wir wollen, daß sie geht!
Doch wenn sie unsre Warnung nicht beachtet,
Wie kriegen wir's dann fuat?
Dann, ohne Schonung
In ihre Wohnung!
Haut's ös, haut's ös guat!"

(Dieses Lied wurde im Rahmen einer Veranstaltung zur seelischen Gesundheit mit Georg Kreisler und Erwin Ringel im Stadttheater Klagenfurt auf Grund der Initiative von Intendant Professor Herbert Wochinz präsentiert.)

Sie ist fremd. Sie ist nicht wie wir. Sie ist anders. Dieses „anders" scheint mir ein ganz wesentliches Wort in dieser Prozedur. Da ist aber noch etwas: Der Rauch steigt nicht so richtig aus unserem Kamin auf und SIE ist daran schuld. Da kommen wir zu einem wichtigen Begriff, wozu die Minderheit immer wieder mißbraucht wird: nämlich als Sündenbock. Je weniger wir bereit sind, eigene Schuld einzugestehen, desto mehr brauchen wir einen, den wir an unserer Stelle in die Wüste jagen, aufopfern, verbannen, verdammen. Wie leicht wird die Minderheit zum Opfer dieses Sündenbock-Komplexes!

Ich weiß, daß im Lande Kärnten folgende Ansicht vorherrscht: Ein Slowene ist unverläßlich, ein Slowene könnte ein potentieller Verräter an Österreich sein, man kann ihm nicht trauen, vielleicht arbeitet er daran, einen Teil Kärntens an Jugoslawien anzuschließen. Meine Meinung ist nun bei sorgfältiger Prüfung der Fakten, daß Beweise für diese These von der Unverläßlichkeit der Slowenen nicht vorliegen. Wir feiern es als patriotische Tat, daß sich Südkärnten bei der berühmten Volksabstimmung für unser Land entschieden hat, aber wenn man das ganz nüchtern sieht, kann und muß man sagen: Wir hätten niemals diese Abstimmung damals gewonnen ohne die entscheidenden Stimmen eines Teiles der Slowenen. Ähnliches gilt auch für die kritische Situation, die 1945 beim Abzug der deutschen Truppen entstand: auch hier war die überwältigende Mehrheit der Slowenen auf der Seite Österreichs. Und heute? Obwohl wir es mit unserer Minderheitenpolitik den Slowenen wahrlich nicht leichtmachen, sich in Österreich wohlzufühlen, erhebt sich keine Stimme, welche die Abtrennung des Landes von Österreich fordert. Mit anderen Worten: Die These von der „Unverläßlichkeit" der Slowenen erweist sich bei näherer Prüfung als jämmerliches Vorurteil, durch „tendenziöse Apperzeption" entstanden. Denkt man an den sogenannten Wahrheitsbeweis für diese These, fällt einem unwillkürlich jener furchtbare Slogan aus der Nazizeit ein: „Wer ist schuld daran? — Der Jud. Warum? Weil's wahr ist." Zu Recht kann man in diesem Zusammenhang von Volksverdummung sprechen. Wir wissen aber auch, welche fürchterlichen Folgen daraus für das jüdische Volk erwachsen sind und müßten daher doppelt und dreifach wachsam auch schon die allerersten Tendenzen in diese Richtung, gegen welches Volk auch immer, MIT ALL UNSEREN KRÄFTEN bekämpfen. Jakob Wassermann hat in seinem Buch „Mein Weg als Deutscher und Jude" geschrieben: „Du kannst leben für sie, du kannst sterben für sie — es wird doch immer heißen: Er ist ein Jude." Ist dieser Satz angesichts der Vorurteile, die hier herrschen, nicht in gewissem Sinne auch für den Slowenen gültig?

Im Juni 1988 wurde ich gebeten, in der „Neuen Burg" der „Volksabstimmungsstadt" Völkermarkt einen Vortrag zu halten. Als ich erfuhr, daß kein Slowene in dieser Burg sprechen darf (!!!), wollte ich zuerst meinen Vortrag aus Protest absagen. Dann kam ich zur Erkenntnis, daß damit niemandem gedient sei. Ich versuchte aber mit meinen Ausführungen eine liebevolle Brücke zu schlagen, erinnerte an den Namen der Stadt, Markt der Völker, wo sich also eine Verständigung zwischen verschiedenen Nationen ergeben sollte. Die Zukunft wird zeigen, ob meine Mission wenigstens Ansätze eines Erfolges zeitigen wird, wofür ich glaubte, Hinweise zu finden.

Noch etwas kaum Glaubliches mußte ich bei dieser Gelegenheit erfahren. Es ist schon seit langem zu meinem tiefsten Bedauern bekannt, daß es zwar kaum einen Ort in Österreich gibt, an dem nicht mit einem Denkmal an die Soldaten gedacht wird, die im zweiten Weltkrieg, vielleicht zwar unfreiwillig, aber doch de facto für Hitler gefallen sind; jedoch nur selten Denkmäler für diejenige existieren, die Mut aufgebracht haben, ihr Leben dafür zu opfern, die unmenschlichste Tyrannei der Zeiten, den Nationalsozialismus, zu bekämpfen. Dieses Mißverhältnis ist für mich ein schrecklicher Beweis dafür, daß die Mehrzahl unserer Bevölkerung noch heute zutiefst bedauert, daß Hitler den Krieg verloren hat, wo dementsprechend die Widerstandskämpfer als „Verräter" klassifiziert werden.

Als an das Gemeindeamt von Völkermarkt ein Ersuchen gestellt wurde, eine kleine Tafel am Kriegerdenkmal anzubringen, auf der auch der Widerstandskämpfer gedacht werden sollte, wurde diese Bitte, wie es zu lesen war, nach eingehender Erörterung der Argumente abgelehnt. Als ich diesen Bescheid schwarz auf weiß lesen mußte, glaubte ich zu träumen, und es blieb mir schließlich nichts anderes übrig, als mich zutiefst der Tatsache zu schämen, ein Österreicher zu sein. Besonders als ich das Argument erfuhr: Die Widerstandskämpfer seien teilweise auch Partisanen gewesen und diese seien für die Abtrennung Kärntens von Österreich eingetreten.

So, wie die Minderheit zum Problem der Mehrheit, so wird umgekehrt natürlich auch die Mehrheit zu dem der Minderheit, und damit möchte ich mich im folgenden beschäftigen. Die Situation dieser Minderheit ist schwer genug. Es ist nicht leicht, in Kärnten ein Slowene zu sein. Dennoch, oder vielleicht gerade deswegen, möchte ich gleich anfangs eine Warnung aussprechen: so, wie die Mehrheit die Minderheit nicht verallgemeinernd beurteilen soll, so dürfte auch die Minderheit die Mehrheit nicht verallgemeinernd bewerten. Wir wollen ja zu besseren Lebensformen miteinander kommen, und dazu ist die Erhaltung der Gesprächsbasis sehr wesentlich, also das Verständnis fürcinander. Folgende Hauptprobleme sind meiner Meinung nach psychologisch für die Minderheit gegeben:

Die erste Gefahr ist, daß eine Minderheit, die auf eine solche Weise diffamiert, angegriffen und falsch dargestellt wird, SICH TATSÄCHLICH MINDERWERTIG fühlt. Der Mensch braucht die Bejahung, die Bestätigung, die Anerkennung. Das sind Dinge, die im Leben jedes Einzelnen von der Kindheit an eine ganz entscheidende Rolle spielen. Wenn dies alles ausbleibt, dann ist es ganz klar, daß wir in Angst kommen, daß wir das Gefühl haben, vielleicht werden wir nicht nur wie Minderwertige behandelt, sondern vielleicht SIND wir auch minderwertig.

Ich komme damit schon zu einem sehr wichtigen Problem: eine schicksalhafte Sache im Leben ist es, UNSERE IDENTITÄT ZU FINDEN. Eines Tages läßt sich die Frage

nicht mehr verbergen, die Frage: Wer bin ich, wie bin ich? Und man muß nur bedenken, wie sehr die Mehrheit oft geneigt ist, die Minderheit hier falsch darzustellen; einfach zu sagen: „So seid Ihr." Dies bedroht natürlich die Identitätsfindung
des Opfers; teils glaubt es noch an sich, teils beginnt es zu fürchten, an den Angrif-
fen muß doch etwas Wahres daran sein. Es tritt eine Orientierungslosigkeit ein;
der Kompaß fehlt; eine tiefe Verunsicherung kann daraus resultieren, und wenn
nicht Menschen da sind, die das ausgleichen, die beruhigen, die das Selbstwertgefühl wiederherstellen, kann daraus natürlich innere Isolierung und Verzweiflung
erwachsen.

Eine weitere falsche Reaktion darauf ist die Verbitterung, die unterdrückte ohn-
mächtige Wut, welche den Menschen ganz verändert: Im Stück „Andorra" von Max
Frisch nimmt ein Verfolgter Schritt für Schritt aus dieser Verbitterung heraus
genau jene Eigenschaften an, welche die Verfolger in ihn hineinprojizieren! Man
kann also so lange jemanden verfolgen — unter Verfolgung dürfen wir dabei nicht
nur Einkerkerung verstehen oder ich weiß nicht, was alles; die Formen der Verfolgung können viel subtiler sein, sie können verschleiert sein, sie können nur in
einer Diskreditierung, in einer Degradierung, in einer Unterscheidung zwischen
erster und zweiter Klasse bestehen —, bis man durch eine falsche Reaktion in
den Menschen dann genau jene Eigenschaften hervorruft, derentwegen man an-
geblich berechtigt ist, sie zu verfolgen. Niemand soll bei dieser Tragödie mit-
spielen!

Ich komme jetzt zum nächsten Punkt, einer ganz gefährlichen möglichen Reaktion. Wenn man das Gefühl zu entwickeln beginnt, daß man zum Beispiel als
Slowene nicht gern gesehen ist, dann kann daraus eines Tages die Frage resultieren: „Ja, bin ich überhaupt ein Slowene, muß ich überhaupt ein Slowene bleiben,
kann ich nicht ein ‚deutscher' Österreicher werden? Habe ich noch etwas mit
den Slowenen gemein?" Das ist ein Vorgang, den wir „Verleugnung" nennen. Niemand soll darob verurteilt werden; es ist ein Trend des Menschen, sich mit dem
Stärkeren zu verbünden, das Schwächere abzustreifen, wenn es irgendwie geht.
Das ist eine Gefahr, das war bei allen Verfolgungen zu beobachten, auch bei
jener der Juden. Im KZ fand immer eine Selektion statt: Eine Kolonne geht nach
links, eine nach rechts, und die Opfer wußten: eine überlebt, eine stirbt, und
unwillkürlich wollte jeder bei den Überlebenden sein. Und dieses bei den Überle-
benden-Sein-Wollen war vielleicht der erste unbewußte Schritt zu einer Art von

Kollaboration, obwohl das sicher in diesem Zusammenhang ein unberechtigter Ausdruck ist.

In Wien kenne ich einen hochbegabten Wissenschafter, einen Slowenen, von dem wir, davon bin ich überzeugt, noch viel Gutes auf seinem Gebiet zu erwarten haben. Er hat mir erzählt, wie oft ihm seine Mutter es eingegeben hat: „Glaube mir, wir sprechen schon lange nicht mehr Slowenisch, Du hast gar keine Veranlassung, Dich als Slowene zu empfinden, Du bist ein Deutscher." Er ist fast mit dieser „Muttermilch" aufgezogen worden. Daraus resultierte bei ihm ein sehr interessantes Verhaltensmuster: wenn es, wo auch immer, zu einer Diskussion kam, hat er seine Meinung nicht danach ausgerichtet, was er für sachlich richtig hielt, sondern nach dem Bestreben, unbedingt bei der siegreichen Partei zu sein. Er überlegte also: Welche Ansicht wird sich am Ende durchsetzen und vertrat dann die entsprechende Auffassung. Jedem, der etwas von Psychologie versteht, wird es klar sein, daß sich in dieser Haltung erneut die Sehnsucht durchsetzt, die „Zweitklassigkeit" des Slowenen zugunsten der Erstklassigkeit abzustreifen. Ich betone noch einmal, ich erhebe keinen Vorwurf, aber ich bin der Überzeugung, daß das eine gefährliche Reaktion ist, und mit aller Innigkeit und Intensität möchte ich die Slowenen dazu ermutigen, diesen Weg NICHT zu gehen: Es wäre slowenischer Selbstmord, die eigene Kultur zu verlassen und zu verraten.

Gstettner hat in einer denkwürdigen Club-2-Diskussion, unter der ausgezeichneten Leitung von Wolf In der Maur, darauf hingewiesen, daß sich von früher 20.000 Slowenen jetzt nur mehr 8000 zu ihrem Volkstum bekennen. Wenn dies stimmt — und es gibt keinen Grund, diese Feststellung zu bezweifeln —, ist es ein alarmierendes Signal für beide Teile: Die Minderheit ist offenbar in höchster Gefahr, sich weitgehend selber aufzugeben, und die Mehrheit hat diesen Weg provoziert, ist sichtlich entschlossen, ihn in Zukunft fortzusetzen und zu verstärken (siehe später) und stellt sich damit das schlechte Zeugnis aus. Der sicherste Garant für eine Kultur ist und bleibt die Sprache. Ich fürchte, unter der Majorität gibt es viele, die denken: nehmt ihnen auch die Sprache, dann löst sich dieses Problem der Minderheit mit der Zeit von selbst. Viele Slowenen wagen es nicht mehr, ihre Kinder zum gesetzlich garantierten zweisprachigen Unterricht als zweisprachig anzumelden, um sie nicht zu „degradieren". Dies ist eine schlimme Entwicklung. Aber ich möchte hier mit größtem Nachdruck betonen, daß auch die deutschsprachigen Kinder die zweisprachige Schule in der zweisprachigen Region dringend brauchen. Wodurch werden Feindschaften „ausgeräumt"? Wie unser unvergessener Friedrich Heer gesagt hat: „Nur durch das Gespräch." Dazu muß einer die Sprache des anderen verstehen, und so wird die zweisprachige Schule zuerst einmal zum wichtigsten Garanten der Gleichberechtigung beider Völker und darüber hinaus aber auch zur Brücke des befreienden und befriedenden Gespräches.

Damit bin ich bei einem tragischen aktuellen Anlaß, der im letzten Jahr entstanden ist. Die drei Kärntner Parteien haben in schlimmer Einhelligkeit einen Anschlag auf die zweisprachige Schule ausgeheckt: Ein slowenisches Kind muß natürlich Deutsch lernen, aber wozu braucht ein deutsches deshalb Slowenisch beherrschen? Es gibt keinen Zweifel darüber, daß man damit bestrebt ist, Mauern zwischen deutsch- und slowenischsprechenden Kindern zu errichten, und der Name für diesen Anschlag lautet: „Pädagogenmodell". Schon der Titel stimmt nicht, denn es handelt sich außer Zweifel um eine POLITISCHE Aktion, die sich nur einfach tarnt. Der stellvertretende Landesamtsdirektor Kärntens, Ralf Unkart, dem ich guten Willen nicht abstreiten möchte, und der Vorsitzender der Kommission ist, welche dieses Modell erarbeitet hat, hat mir in diesem Zusammenhang geschrieben: „Aus Gründen meiner Berufsstellung habe ich immer wieder die Aufgabe, gleichsam den offiziellen Standpunkt des Landes in Angelegenheiten der Minderheit zu vertreten und zu artikulieren." Man könnte diese Äußerung als einen Hinweis darauf verstehen, daß hier ein „Fachmann" gezwungen ist, die politische Auffassung maßgeblicher Leute des Landes auszudrücken. Wie dem auch immer sei: Es steht fest, daß das sogenannte „Pädagogenmodell" eine entscheidende Trennung slowenisch- und deutschsprechender Schulkinder vorsieht; eine Ghettoisierung, als ob erstere „eine ansteckende Krankheit hätten", wie es Reinhold Brandl ausgedrückt hat.

Nun, von der Freiheitlichen Partei war diesbezüglich nichts anderes zu erwarten, hat doch der FPÖ-Obmann Jörg Haider bereits am 1. Juli 1984 bei einer Veranstaltung des Deutschen Turnvereins St. Jakob im Rosental seine Programmatik in einem Satz zusammengefaßt: „Dieses Land wird erst dann frei sein, wenn es ein deutsches Land sein wird." Die Parallelität zu der seinerzeitigen „Führer-Formel": „Macht mir dieses Land deutsch" dürfte wohl nicht zufällig sein.

Was aber die Kärntner SPÖ und ÖVP betrifft, kann es keine Entschuldigung dafür geben, daß sie bei einer „solchen Sache", die den Grundsätzen dieser beiden Parteien zutiefst widerspricht, mitmachen. Der wahre Grund, nämlich die Angst, angesichts der Einstellung vieler Kärntner anderenfalls Stimmen zu verlieren, ist ein kläglicher und kurzsichtiger. Denn auf längere Sicht hat gesinnungsloses populistisches Den-Mantel-nach-dem-Winde-Drehen dem Staat nur Schaden und den Parteien keinen Erfolg gebracht. Wohl hat der Kärntner Landeshauptmann recht, wenn er sagt, daß sein Land die Forderungen des Staatsvertrages den Buchstaben nach gegenüber den Slowenen erfüllt hat. Es geht aber in diesem Fall wohl um mehr als um eine formelle Pflichterfüllung, es geht um den Geist, den man gegenüber Minderheiten hat und zeigt. Und der ist leider Gottes, was die Menschlichkeit, das Verständnis und die Brüderlichkeit betrifft, noch bei weitem rückständig.

Meine Hoffnung in diesem Zusammenhang ruht auf den Zentralen von SPÖ und ÖVP, die, so glaube ich, letzten Endes dieses üble Spiel mit den Slowenen nicht dulden werden.

Mit dem unvergeßlichen (aber leider oft vergessenen) österreichischen Dichter Franz Theodor Csokor möchte ich beginnen. Er formulierte: „Wenn Du in Liebe fällst, daß jeder Dir ansieht: Den hat es GETROFFEN." Ich möchte hier einmal mehr für den Begriff des „Betroffenseins" plädieren, des Betroffenseins vom Schicksal des und der anderen, gemäß der Erkenntnis der Araber: „Der Andere bist Du!" Die prägnante Formulierung gibt die Erklärung dafür, warum wir der Betroffenheit ausweichen: weil sie Getroffenheit voraussetzt und diese ein schmerzhaftes, oft sogar ein qualvolles Gefühl darstellt. Meine Studenten sagen nach meinen Vorlesungen gar nicht so selten: Wo kämen wir hin, würden wir mit jedem Patienten mitleiden, das kann man doch nicht aushalten! Und doch muß man in gewissem Sinne seine Sache zur eigenen machen, wenn man wirklich helfen will!

Denn die beiden Weltanschauungen, die in unserem Lande (und in den meisten Ländern Europas) vorherrschen, Sozialismus und Christentum (ich will sie nicht gleichsetzen, weil ja das Christentum als Religion eine transzendentale Dimension hat) sind, was die Betroffenheit bezüglich des Schicksals von Minderheiten, Schwachen und Unterdrückten „betrifft", eigentlich auf vollständig parallelem Wege. Der Sozialismus ist aus einer Solidarisierung der unterdrückten Arbeiterschaft und aus einer Solidarisierung von Menschen anderer Klassen MIT ihnen hervorgegangen. Das Problem des Sozialismus in unserer Zeit besteht darin, daß das ursprüngliche Ziel dieser Bewegung, die soziale Gleichstellung der Arbeiterschaft, weitgehend erreicht ist. Umso mehr müßte dieser großartigen Idee und Organisation jetzt klar sein, daß es noch mehr zu tun gibt, ohne natürlich die Interessen der Arbeiterschaft zu vergessen, nämlich Ausschau zu halten nach den Benachteiligten UNSERER Zeit (jede Epoche gebiert ja typischerweise immer wieder neue, anders strukturierte solche Gruppen) und sich ihnen zuzuwenden. Das Ziel müßte sein: Jenen, die sich auch durch eigene Solidarisierung nicht ausreichend durchsetzen können, zu ihren Rechten zu verhelfen. Eine solche Aufgabenstellung würde beiden Teilen dienen: Jenen, denen die Hilfe zugutekommt, und jenen, die sie leisten, denn sie würden dadurch aus einer gewissen Erstarrung und Sterilität befreit werden.

Mit den christlichen Kirchen verhält es sich ganz genauso. Ausgestattet mit dem Auftrag zur Nächstenliebe durch ihren Gründer, wurde ihnen gesagt: „Was Ihr dem Geringsten meiner Brüder tut, das habt Ihr mir getan." Daraus ergibt sich die Verpflichtung, nach denen Ausschau zu halten, die in einer Gesellschaft gering oder zu gering geachtet werden, und diesen Zustand, so gut und so rasch es geht, zu beseitigen. Leider sieht man von solchen christlichen Bestrebungen gerade auf unserem Kontinent (und damit natürlich auch in Österreich) denkbar wenig, so daß man sich fast veranlaßt fühlt, nach Rilke zu formulieren: „Der Ast Gottes, der über Europa liegt, HAT schon geblüht", und jenen Recht zu geben, die überzeugt davon sind, daß die Zukunft des Christentums in Südamerika, Afrika und Asien entschieden werden wird.

In diesem Zusammenhang möchte ich einige Sätze aus einem Vortrag zitieren, welchen ich im zweisprachigen Gebiet, nämlich in St. Jakob im Rosental, im Jahre 1982 halten durfte:

„Am Ende möchte ich meinen festen Glauben ausdrücken, daß der Weg der Versöhnung gefunden werden kann. Ein Symbol dafür darf ich anführen, weil es mir Mut macht: Ich sehe in der Kirche den weiterlebenden Leib Christi, darum leide ich unbeschreiblich, wenn ich erleben muß, wie sehr sich diese Kirche vielfach von ihrem göttlichen Gründer entfernt hat. Dann fange ich zu schreien an, dann bin ich kritisch, aber nicht, um die Kirche zu demütigen oder lächerlich zu machen, sondern nur, um zu bitten: Kehrt um und geht wieder zu Christus zurück. In diesem Sinne war ich tief bewegt, als der neue Bischof dieses Landes bei der Einführung in sein Amt aller Notleidenden gedacht hat; für mich sehr beeindruckend, daß auch die Selbstmordgefährdeten darunter waren (er hat sie ausdrücklich von der Kanzel erwähnt), und wie er dann begonnen hat, so gut er es eben konnte, in Slowenisch seine Grüße, seine Gefühle, seine Bereitschaft zur Zusammenarbeit auszudrücken — das fand ich großartig. (Einfügung aus der Sicht des Jahres 1988: Leider muß ich feststellen, daß ich eine offizielle Stellungnahme von höchster kirchlicher Seite für die Rechte der Slowenen bis zum heutigen Tage angesichts der Schulproblematik vermisse. Wohl hat die Katholische Jugend in sehr tapferer und begrüßenswerter Weise hier eindeutig Partei ergriffen, aber das Entscheidende, das Bischofswort, ist vorläufig noch ausstehend.)

Hier, glaube ich, liegt die Chance der Zukunft; daß wir uns alle zusammensetzen, die Österreicher deutscher Zunge und die Österreicher slowenischer Zunge. In diesem Sinne: bagatellisieren, beschönigen Sie nichts; geben Sie die Spannungen zu, die bestehen, aber dramatisieren Sie sie auch nicht. Wo ein guter Wille besteht, dort gibt es auch einen Weg. ‚Heimatdienst‘ sollte doch wohl heißen, der gemeinsamen Heimat zu dienen und nicht, die Konflikte zu verstärken. Ich habe hier nicht gezögert, die Begriffe Volk, Kultur und Sprache leidenschaftlich zu verteidigen. Gleichzeitig aber muß vor der Vergötzung jeder ‚Nation‘ gewarnt werden. Bedenken wir, daß über alle Völker und über alle Grenzen hinaus ein höheres Gut zu finden ist, die Menschheit und die Menschlichkeit. Freilich wird es nur zu finden sein, wenn man die einzelnen Völker in Frieden unangetastet und anerkannt läßt. In diesem Sinne schließe ich mit dem Wort: ‚Österreich — unsere gemeinsame Heimat!‘ — Und darf ich dies in meiner unbeholfenen Aussprache in Ihre Sprache übersetzen: ‚Naša skupna domovina!‘“

Noch ein letzter Satz zur vierten These: Aus der heutigen Sicht, sechs Jahre später, ist dem nichts hinzuzufügen. Mit allem Nachdruck sollte aber daran erinnert werden, daß das sogenannte „Pädagogenmodell“ ausgearbeitet wurde ohne Anhörung der Betroffenen, nämlich der Slowenen. Schon daraus ergibt sich die Notwendigkeit, diese Problematik ganz von vorne noch einmal aufzurollen und mit den Slowenen gemeinsam zu diskutieren, damit alle, ob sie nun Deutsch oder Slowenisch sprechen, ein Recht haben, von einer gemeinsamen Heimat zu reden. Jedem anständigen Menschen müßte die Schamröte ins Gesicht steigen, wenn er sieht, daß um Zahlen (von denen die Trennung abhängig sein soll) geschachert wird, anstatt den Geist der brüderlichen Verbundenheit walten zu lassen. Schlußbemerkung: Leider ist es so geschehen, aus 7 wurden zwar 9, aber die Ghettoisierung hat dennoch stattgefunden. Auch die Zentralen von SPÖ und ÖVP in Wien haben versagt und man müßte seither als Österreicher ständig Trauerkleidung tragen, bis diese Schande wieder aufgehoben wird.

Nun zur fünften These: In dem entsprechenden Absatz der „Österreichischen Seele" habe ich mich damit beschäftigt, daß ein Charakteristikum Österreichs die so häufige Tendenz zu Selbstschädigung, Selbstzerstörung, manchmal sogar zur Selbstvernichtung ist, und dies mit jenen Schuldgefühlen in Zusammenhang gebracht, die durch die Konflikte mit den Eltern in den Kindern entstehen und dann während des ganzen Lebens sie dazu veranlassen, als Selbstbestrafung ihr „eigener Feind" zu sein. Ich habe daran erinnert, daß die psychosomatischen Krankheiten in Österreich weit verbreitet sind, wir durch den entsprechenden Fahrstil eine der höchsten Unfallziffern der Welt aufweisen, wir bezüglich der Gefangenenzahl an zweiter Stelle in Europa stehen (Wassermann: „Der Kriminelle wünscht unbewußt seinen eigenen Untergang"), wir im Alkoholismus Spitzenwerte erreichen und leider auch eines der suizidreichsten Länder der Welt sind. Ich möchte nun in der Auseinandersetzung mit der „Kärntner Seele" diese einzelnen Punkte nicht wiederholen, sondern auf eine andere Form der Selbstschädigung und Selbstzerstörung eingehen, die heute von besonderer Aktualität ist. Ich will auch erklären, welche Assoziationen mich gerade in Kärnten zu diesem Punkt, nämlich zur drohenden Zerstörung der Natur, führen. Ich spreche hier in Keutschach vor einer einmaligen Szenerie: Noch selten war es mir vergönnt, im Freien reden zu dürfen; mein Vortrag nähert sich dem Ende, und bei dem Gedanken, von dieser herrlichen Landschaft Abschied nehmen zu müssen, wird mir weh ums Herz.

Vom 1. April bis 10. September 1939 mußte ich hier den sogenannten „Reichsarbeitsdienst" ableisten; in einer trostlosen, geistlosen Atmosphäre versuchen, die Sattnitz zu entwässern (ich habe mit Genugtuung schon vor Jahren festgestellt, daß vom damaligen Reichsarbeitsdienstlager in Viktring auch nicht die Spur übriggeblieben ist). Am 1. September 1939 erlebte ich hier den Kriegsausbruch, am 3. September die Kriegserklärung Englands und Frankreichs an Deutschland, ein Tag, der mich mit tiefer Genugtuung erfüllte. Denn seit der gewaltsamen Annexion Österreichs durch Deutschland beschloß ich immer mein Abendgebet mit der Bitte, es möge Krieg kommen: erstens, weil ich überzeugt war, daß Hitler sowieso Krieg bedeuten würde, zweitens aber auch, weil ich befürchtete, daß wir diese schlimme Tyrannei niemals von innen, sondern nur von außen loswerden könnten, wenn Hitler nämlich Krieg begänne und im Größenwahn seine Kräfte so überschätzen würde, daß er schließlich doch besiegt werden könnte, wie es dann ja auch später tatsächlich geschah. Aber all diese quälenden und aufregenden Dinge — der Reichsarbeitsdienst, das Aufkommen des Krieges, wobei ich ja nicht wußte, was in diesem Zusammenhang mit mir geschehen würde — hinderten mich nicht, Tag für Tag die Schönheit und das Wunderbare des Kärntner Landes wahrzunehmen. Kärnten ist — und das darf ich mit einem großen Gefühl des Glücklichseins wiederholen — das Land der Berge, das Land der Wälder, das Land der Seen und zweifellos das Land mit dem besten Klima, das Österreich zu bieten hat. Und so, wie ich es damals dachte, empfinde ich es natürlich bis zum heutigen Tage: Welchen Schatz besitzen wir da!

Ich möchte aber gerade bei diesem Wort fortsetzen mit der Bemerkung, daß der Österreicher ein gestörtes Verhältnis zum Begriff „Besitz" hat. Dies hängt zusammen mit dem „Groß-Klein-Denken", welches hier herrscht und bedeutet, daß der Mächtige über den Schwachen, Wehrlosen nach Belieben verfügen kann. Wenn man hier einen Menschen sieht, der auf offener Straße sein Kind verprügelt und malträtiert und man dann versucht, einzugreifen, etwa mit den vorsichtigen Worten: „Lieber Mann, liebe Frau, was machen Sie denn da mit diesem Kleinen?", dann erhält man nur allzu oft die barsche Antwort: „Das geht Sie einen Dreck an; das ist MEIN Kind, und mit diesem kann ich noch immer das machen, was ich will." — Dieser Satz, der die Verabsolutierung des Besitzverhältnisses ausdrückt, bestimmt „selbstverständlich" auch unsere Beziehung zur Erde. Es ist nämlich so, daß die Erde von Österreichern — das kann man auf vielen Gebieten sehen — schrankenlos und ohne Bedenken, ohne jede kritische Überlegung, für die eigenen Zwecke ausgebeutet wird.

Ein Politiker, den ich sehr schätze — es ist Oskar Lafontaine aus dem Saargebiet —, hat einmal gesagt: „So, wie im vorigen Jahrhundert die Arbeiter schamlos ausgebeutet wurden, so geschieht es heute mit der Erde." Nun, die Arbeiter haben sehr lange Zeit ein Klassen-Unbewußtsein gehabt, und erst als sie durch Karl Marx ein Klassenbewußtsein bekamen, konnten sie ihre Ausbeutung stoppen. Freilich, die Natur kann sich scheinbar nicht wehren; sie kann jedenfalls kein „Klassenbewußtsein" entwickeln. Desto mehr sind wir aufgefordert — und ich möchte sagen: mehr noch, verpflichtet —, diese Verwüstung (im doppelten Sinn des Wortes) zu beenden, ehe es zu spät ist.

In diesem Sinne meine ich, daß wir auf die Seite der geschändeten Erde treten müssen. Auch kirchliche Kreise haben längst erkannt, daß der bekannte Satz

„Macht Euch die Erde untertan" für das erwähnte verantwortungslose Vorgehen NICHT als Alibi benützt werden darf. Ich möchte nun an dieser Stelle die Tiefenpsychologie erwähnen, die uns gelehrt hat, zu verstehen, daß alle Dinge einen Symbolcharakter haben können. In diesem Sinne ist die Erde mit all ihrer Fruchtbarkeit natürlich ein Lebens-, ein Muttersymbol.

In der berühmten Rede des Häuptlings Seattle vor dem Präsidenten der Vereinigten Staaten, als dieser ultimativ die Abtretung des indianischen Landes verlangte, heißt es: "Jeder Teil dieser Erde ist meines Volkes Teil. Jede glitzernde Tannennadel, jeder sandige Strand, jeder Nebel in den dunklen Wäldern, jede Lichtung, jedes summende Insekt ist heilig in den Gedanken und Erfahrungen meines Volkes. Der Saft, der in den Bäumen steigt, trägt die Erinnerung des roten Mannes. Unsere Toten vergessen diese wunderbare Erde nie, denn sie ist des roten Mannes Mutter. Wir sind ein Teil der Erde und sie ist ein Teil von uns. Die duftenden Blumen sind unsere Schwestern, die Rehe, das Pferd, der große Adler sind unsere Brüder, die felsigen Höhen, die saftigen Wiesen, die Körperwärme des Ponys und des Menschen, sie alle gehören zur gleichen Familie. Wir erfreuen uns an diesen Wäldern; ich weiß nicht, unsere Art ist anders als die Eure. — Wir wissen, daß der weiße Mann unsere Art nicht versteht. Ein Teil des Landes ist ihm gleich wie dem anderen, denn er ist ein Fremder, der kommt in der Nacht und nimmt von der Erde, was immer er braucht. Die Erde ist sein Bruder nicht, sondern Feind, und wenn er sie erobert hat, schreitet er weiter. Er läßt die Gräber seiner Väter zurück und kümmert sich nicht. Seiner Väter Gräber und seiner Kinder Geburtsrecht sind vergessen. Er behandelt seine Mutter, die Erde, und seinen Vater, den Himmel, wie Dinge zum Kaufen und Plündern, zum Verkaufen wie Schafe oder glänzende Perlen. Sein Hunger wird die Erde verschlingen und nichts zurücklassen als eine Wüste."

Wenn man heute unsere Bundesländer betrachtet, so findet man nur allzu oft ein alarmierendes Phänomen: Die Dörfer verwandeln sich in kleine Städte; kaum ein Haus, auf dem nicht ein Schild zu finden ist, welches zu verstehen gibt, daß es im Dienste des „Fremdenverkehrs" steht, von dem schon Knut Hamsun prophetisch verkündet hat, daß er eines Tages den „Segen der Erde" zerstören wird. Die Fremden sollen kommen, damit sie die schöne Natur sehen; die Menschen wollen das ausnützen, um möglichst viel zu verdienen, und bald wird dies zu einem Zustand führen, wo für die „Touristen" keine Natur mehr zu sehen sein wird. Ein verhängnisvoller „Teufelskreis" dreht sich immer schneller; er führt dazu, daß man sich (im doppelten Sinn des Wortes) den Boden unter den Füßen selber wegzieht.

Mit großer Freude ist zu registrieren, daß gerade Kärnten enorme Anstrengungen unternommen hat, um den herrlichen Seen seines Landes die Badefähigkeit zu erhalten beziehungsweise wiederzugeben. (Wie sehr dies gelungen ist, davon durfte ich mich gerade 1988 in den herrlichen Wellen des Wörther Sees überzeugen.) Der Satz von Bruno Kreisky „Nach Kärnten fahre ich nicht mehr, weil das Land ist mir zu teuer geworden" mag zu verschmerzen sein, sollte aber doch zu denken geben. Wir leben in einer Zeit der übertriebenen Materialisierung; immer mehr geht es ums Geld. Überall entstehen auch in Kärnten neue Einrichtungen des Fremdenverkehrs und die Gefahr der „Zubetonierung" besteht auch hier. Dies mag nicht nur ein Problem werden für die Fremden, die man erwartet, sondern auch für diejenigen, die im Dienste dieser Sparte stehen. Vor einiger Zeit kam eine Dame aus Salzburg in meine Ordination, und ich werde die Begegnung mit ihr nie vergessen. Sie sagte zu mir: „Mein Mann ist einer der ersten Baumeister hier; ich selbst arbeite als Chefsekretärin. Die knappe Zeit, die uns am Abend bleibt, benützen wir dazu, um unsere Einnahmen, Auslagen und unseren Gewinn zu kontrollieren. Wir leben gleichsam in Zahlen, sagen uns ständig: Das wollen wir auch noch kriegen. (Meine Randbemerkung dazu: In dem Wort ‚kriegen' ist wahrscheinlich nicht zufällig der ‚Krieg' enthalten; das ist ein Ausdruck aus der Erfolgsgesellschaft, wo einer gegen den anderen kämpft.) Alles wollen wir an uns raffen, noch mehr wollen wir haben. Aber bei diesem Prozeß ist außer ‚Sachlichkeit' gar nichts mehr zwischen uns; das Materielle frißt uns auf. Natürlich gehen wir immer wieder miteinander ins Bett, aber wir schämen uns nachher, weil wir spüren, daß wir etwas gemacht haben, bei dem gar kein Gefühl mehr vorhanden ist. Dieses Gefühl kann nicht entstehen, weil es müßte wachsen, und dazu brauchte man jene Zeit, die wir nicht bereit sind, dafür aufzuwenden."

Die Liebe zur Natur aber würde bedeuten, zu sich selber zu finden, sich selbst zu entdecken, Ruhe, Entspannung, Freude, Lust, Kontemplation, „mit der Seele baumeln", für die Erhaltung unserer Gesundheit, die ganz wesentlich von der Balance zwischen Sympathikus und Parasympathikus in unserem vegetativen Nervensystem abhängig bleibt. Überall werden wir in die Sympathikotonie gedrängt, aber das Erlebnis der Natur wäre eine Hauptquelle dafür, auch Parasympathikotonie zum Ausgleich zu erleben. Ferner wäre Selbstbesinnung auch Voraussetzung für die menschliche Kommunikation entsprechend der Heiligen Schrift: „Du sollst Deinen Nächsten lieben wie Dich selbst." Ich bestreite, daß die Menschen, die nur hinter materiellen Gütern her sind und die die Natur verachten, wirklich liebesfähig sind. Eigennutz darf nicht mit Selbstwertgefühl verwechselt werden. Durch einseitige Ich-Bezogenheit ist auch das so wichtige Gespräch miteinander, die kostbarste menschliche Kommunikation, gestört — daß dies auch in Kärnten der Fall sein dürfte, beweist die hohe Tendenz zu Alkoholmißbrauch und die stets noch steigende Selbstmordquote in diesem Land. (Beides hat ja mit innerer Vereinsamung zu tun.) Darum bin ich so glücklich, daß eine relativ kleine Gemeinde wie Keutschach heute den Mut aufbringt, eine Veranstaltung zu initiieren, die zu Harmonie, zum Miteinander auffordert, noch dazu in dieser gottgesegneten Landschaft.

Damit bin ich noch einmal zur Landschaft zurückgekehrt, um ganz besonders auf die Bedrohung des Waldes hinzuweisen. Es dürfte Ihnen nicht bekannt sein, daß im Urlaubsland Kärnten sechsmal soviel Staub und Schwefeldioxyd in der Luft sein darf als in der Großstadt Wien. Kärnten, wie im Buch „Öko-Bilanz Österreich", herausgegeben von Marina Fischer-Kowalski, festgehalten, ist das Bundesland mit der schlechtesten Luft: „... der höchste durchschnittliche Schwefelgehalt seit Jahren, die meisten Grenzwertüberschreitungen, höchste Spitzenwerte — und der Trend ist weiter steigend. Entsprechend ist in Kärnten das Risiko, an Atemwegserkrankungen zu sterben, am höchsten (sowohl bei Krebs wie auch bei chronischen Leiden der Atemwege). In fünf der zehn Kärntner politischen Bezirke steht auf der Gesamthitliste der Todesursache an erster Stelle die ‚Atemwegserkrankung'." Das ist auch einer von vielen Faktoren, die für den Kärntner Wald den Tod bedeuten können. Da, wie bereits betont, für die Seen in Kärnten sehr viel unternommen wurde und wird, muß man die Überschrift in dem lesenswerten Buch sehr ernst nehmen: „Kärnten: Gesünder für Taucher als für Spaziergänger" oder auch eine andere Formulierung: „Ein schönes Land, aber besser für Kurzurlaube als für den Daueraufenthalt." In der Ansprache des Häuptlings Seattle, die ich schon zitiert habe, wird unmißverständlich klargestellt, daß wir mit unserem räuberischen Verhalten auch unseren Kindern die Erde stehlen.

Im Laufe der letzten Jahre habe ich kein dümmeres und schlimmeres Wort gehört als das des Bayerischen Ministerpräsidenten, der gesagt hat, „Wackersdorf" könne uns nicht schaden, sondern „höchsten unseren Kindern und Kindeskindern". Das drückt in meinen Augen ein geradezu unfaßbares Parasitentum an unseren Kindern aus; ist gleichsam eine Bemühung, ihnen den Lebenssaft zu entziehen.

Ich möchte meinen leidenschaftlichen Appell, die Kärntner Natur heil zu erhalten beziehungsweise ihre Intaktheit wiederherzustellen, mit einigen Worten von Wolfgang Hildesheimer untermauern: „Es kann uns nicht entgehen, daß die Natur begonnen hat, sich uns zu versagen. Die schrecklichen menschlichen Eingriffe machen sie zunehmend zu unserer Feindin. ‚Waldsterben' ist nicht ausschließlich ‚Gerede', nicht nur ad nauseam strapazierter Topos der Optimisten oder willkommener Rückschlag der ubiquitären Verdränger, deren frivoler Hohn die spottbillige Qualität ihrer Bewußtseinslage verrät, sondern auch, was jedermann bestätigen wird, der einen toten oder sterbenden Wald gesehen hat, ein Zeichen, dessen Deutung sich jedem alpdruckshaft aufzwingen muß. Wer kann heute noch durch einen noch lebenden Wald gehen, ohne sich zu fragen: Wie lange noch? In der Tat, wer in den Nadelwäldern die ‚Angsttriebe' sieht, dieses Wachstum als Todeszeichen, als Warnung vor der Endzeit, dem erschließt sich eine unerahnte, materiell gewordene Poetik. Der Trost, den wir bisher aus der uns umgebenden Natur geschöpft haben, wird zur Untröstlichkeit angesichts der systematischen Zerstörung, der Einengung, der Entwürdigung, die ihr überall zuteil wird. In den jahreszeitlichen Wandlungen treten ominöse Verschiebungen auf; sie erschüttern die Gewißheit der ewigen zyklischen Wiederkehr. Diese Symbole und ihr anwachsendes Programm an Katastrophen erreicht wohl nahezu jedermann."

Als Tiefenpsychologe möchte ich hinzufügen: Das schamlose Verhalten gegenüber der Erde kann nur bedeuten, daß wir eine schlechte Beziehung zu unseren Müttern und zu unseren Kindern haben und an einer Selbstzerstörungstendenz leiden. Alle diese Dinge gehören nach den Erkenntnissen der Neurosenlehre zusammen.

Mit einer Hoffnung möchte ich diese fünfte These zum Abschluß bringen: Es ist gerade die Jugend, die erkannt hat, daß es im Wortsinn bei einer Erhaltung der Natur nicht nur um ihre Zukunft, sondern um ihre Zukunftsmöglichkeit geht und die, so glaube ich, alles tun wird, um durch eine Versöhnung zwischen Ökonomie und Ökologie eine verhängnisvolle Entwicklung wenigstens im letzten Moment zu bremsen.

Ähnliches gilt ja auch für die zweite Lebensgefahr, die auf uns alle zukommt, nämlich den Krieg, der heute zu einer Selbstvernichtung der Menschheit zu führen droht. Darum sucht die Jugend nach einer neuen Form der Politik, die nicht auf Macht, sondern auf Verantwortung beruht. Und sie versucht, Utopien zu entwickeln, die vielleicht morgen oder übermorgen Wirklichkeit werden könnten, und vielleicht wird zu diesen Utopien auch der Friede gehören.

Nun zur letzten und sechsten These: In der „Österreichischen Seele" habe ich dort die Hoffnungsträger für unsere Zukunft besprochen und folgende vier wesentlichen angeführt: den wachsenden Glauben von immer mehr Österreichern an die Sinnhaftigkeit dieses Landes, die Zuversicht in die Jugend, die Hoffnungssignale im Rahmen der Katholischen Kirche. (Allerdings war ich dabei leider auch auf diesem Gebiet „prophetisch", weil ich schon die Wandlung einer fortschrittlichen zu einer erzkonservativen Kirche am Horizont auftauchen sah, die in der Zwischenzeit mit dem Abtreten des großartigen Kardinals und dem Auftreten von Persönlichkeiten wie Groër und Krenn voll eingetreten ist.)

Und schließlich mein letzter Hoffnungsträger: die Kunst, auf die ich mich hier ganz konzentrieren möchte.

Wir leben in einer zivilisierten Welt und sind beschränkt genug, zu glauben, daß es unser Ziel sein muß, immer noch zivilisierter zu werden. Zivilisation führt aber in Wirklichkeit zu einer Bewußtseinseinengung, weil sie die Verdrängung der Gefühle in einem immer größeren Ausmaß zur Folge hat. In großartiger Weise hat dies die Salzburger Dichterin Ulrike Parnreiter in folgendem Gedicht festgehalten:

„hinter verschlossenen türen
auf den ausbruch wartend
das gefühl
gefühle zeigen
zum zartsein neigen
über nichts mehr schweigen
ist nicht erlaubt

gefängniswärter
zu tausenden lauernd
auf ein vergehn

ertragen des STEINSEINS
erdulden des SCHEINSEINS
die qual des ALLEINSEINS
ist ihr gebot
in kalkweißen zellen
vor kälte wimmernd
ein stück menschheit"

Die aus der Zivilisation resultierende Zunahme verdrängter Gefühle im Unbewußten der Welt führt früher oder später konsequenterweise in den Abgrund. Deshalb müssen wir alles tun, um Zivilisation in Kultur zu verwandeln. Dies geschieht vor allem durch Kunst: eine Kunst, die uns aufrüttelt, indem sie unsere Probleme aufzeigt, die den Mut hat, uns unser Gesicht im Spiegel zu zeigen, die kein zivilisatorisches Schlafmittel ist, eine Kunst, die uns erschreckt und betroffen macht statt uns zu beruhigen. Und da ich nun bei dieser Kunst bin, möchte ich schließlich mit der — mich jedenfalls und hoffentlich auch Sie beglückenden — Feststellung beginnen, daß dieses Kärnten ein wunderbares Mutterland einer solchen Kunst in unserer Zeit ist. Einmal früher, am Beginn dieses Jahrhunderts, kam es zu jener herrlichen Periode, in der die Vermischung der Völker und liberale Gesinnung zu einem einmaligen Höhepunkt kultureller Art in unserer Metropole führte. Aber der Aderlaß 1938 an vor allem jüdischen Mitbürgern überstieg jede Möglichkeit des Ertragenkönnens. Unsere Kultur wurde weitgehend zerstört; wir haben es dann 1945 versäumt, wenigstens die überlebenden Träger dieser Kunst zurückzuholen, und so nützt es uns auch nichts, jetzt in der ganzen Welt darauf hinzuweisen, daß wir diesen wunderbaren Zustand einmal besessen haben: Es kommt ja auf das Heute an! In dieser Situation erlaube ich mir die Bemerkung: WELCH EIN UNBESCHREIBLICHES GLÜCK IST ES, DASS ES DIESES KÄRNTEN GIBT. Wenn wir die Kärntner Künstler streichen würden, dann blieben uns natürlich immer noch einige für Österreich übrig, aber ohne Kärnten, so glaube ich, würden wir den besten Teil verlieren. Erlauben Sie mir nun zum Schluß, in einer persönlichen und doch wohl auch gemeingültigen Auswahl auf fünf Kärntner Dichter beziehungsweise Dichterinnen hinzuweisen, die ich in meinem Leben und Erleben nicht missen möchte — ich bin überzeugt, daß Sie ähnlich empfinden wie ich:

Beginnen möchte ich mit GUIDO ZERNATTO. Viele von Ihnen werden vielleicht sagen: „Wie, einen Anhänger Dollfuß', der im Kabinett Schuschnigg Minister war, findet er der Erwähnung wert?" Ich muß antworten: Jawohl, denn er war als Mensch und Dichter gleich wertvoll.

Das gibt mir Gelegenheit, ein paar Worte über jene Periode, die wir zu Recht als „Systemzeit" bezeichnen, zu sagen. Mit der Machtergreifung Hitlers in Deutschland am 30. Januar 1933 änderten die beiden großen Parteien, die Sozialdemokraten und die Christlich-Sozialen, ihre bis dahin eingenommene Haltung, nämlich sehnsüchtig die Angliederung Österreichs an das Deutsche Reich zu wünschen, wie es auch seinerzeit in der ersten Verfassung Österreichs 1918 ausgedrückt, aber von den siegreichen Alliierten verboten wurde. Beide Parteien wollten alles andere, als unter dem Hitler-Regime leben zu müssen. In der Folge ergab sich aber ein gewisser Unterschied zwischen „Roten" und „Schwarzen": Während die Sozialisten prinzipiell an einer späteren Vereinigung mit Deutschland festhielten, wagten die Christlich-Sozialen unter Engelbert Dollfuß, die Propaganda für ein immerwährendes selbständiges Österreich zu entfalten, gemäß der Devise: „Österreich über alles, wenn es nur will." Somit kann man sagen, daß der kleine Engelbert Dollfuß zu einem leidenschaftlichen Verteidiger der österreichischen Selbständigkeit wurde. Allerdings stimmt der Satz, daß die Demokraten damals nur beschränkt Patrioten, die Patrioten aber keine Demokraten waren. Denn es war derselbe Dollfuß, der in unverantwortlicher Weise 1933 das Parlament ausschaltete und damit die Demokratie beendete, was schließlich dazu führte, daß er 1934 mit Kanonen auf Arbeiterhäuser schoß. So wurde er zweifellos zum Arbeitermörder, dennoch blieb er bis zu seinem letzten Atemzug ein Kämpfer gegen den Anschluß und wurde am 25. Juli 1934 konsequenterweise das erste Opfer der braunen, gegen Österreich rollenden Flut. Diese Geschichte lehrt ein Doppeltes: Wir müssen aufhören, ein Schwarz-Weiß-Denken an den Tag zu legen und statt dessen eine dialektische Betrachtungsweise anwenden: Man kann eben Arbeitermörder sein und dennoch für Österreich einen Opfertod sterben. Sodann aber hat die Systemzeit bewiesen (und dies sollten wir niemals vergessen), daß man mit faschistischen Methoden keinesfalls erfolgreich gegen den Faschismus bestehen kann. Dennoch möchte ich bei dieser Gelegenheit bemerken: Wenn wir Dollfuß, der doch damals unser Bundeskanzler war, wegen seiner vielen und schwersten Fehler die Einschätzung verweigern, ein Widerstandskämpfer gegen die Nazis gewesen zu sein, dürfen wir uns nicht wundern, wenn man heute behauptet, dieses Land habe sich niemals gegen Hitler gewehrt. Für mich steht jedenfalls fest: Niemals wäre Dollfuß in so tölpischer Weise im Februar 1938 nach Berchtesgaden gefahren, um sich dort in einer direkten Begegnung mit Hitler erpressen zu lassen, und auch der März 1938 wäre mit Dollfuß als Bundeskanzler ganz anders verlaufen als mit dem schwachen, weltfremden, zögernden, unsicheren Schuschnigg.

Aber zurück zu Guido Zernatto. Erstens glaube ich, daß er auch als Minister immer ein anständiger Mensch geblieben ist. Als er die Rücktrittsrede Schuschniggs hörte, verließ er augenblicklich und buchstäblich im letzten Augenblick, in dem er dies noch konnte, Österreich. Äußerlich schien er dadurch gerettet; sein Weg führte ihn schließlich nach New York, aber innerlich konnte er dort niemals heimisch werden und starb bald darauf, im wahrsten Sinne als ein Opfer des Nationalsozialismus an gebrochenem Herzen. Das folgende Gedicht weist ihn nicht nur als einen großen Patrioten aus, sondern es zeigt auch eine besondere Heimatliebe, die aber niemals (siehe meine zweite These) zu jenem Nationalismus entartete, von dem Heimito von Doderer mit Recht behauptete, er gleiche einer Art von ständigem „Besoffensein":

„Dieser Wind der fremden Kontinente
Bläst mir noch die Seele aus dem Leib.
Nicht das Eis lähmt mir das frostgewohnte
Und die Schwüle nicht das lang entthronte
Herz, das leer ist wie ein ausgeweintes Weib.

Dieser Wind der fremden Kontinente
Hat den Atem einer andern Zeit.
Andre Menschen, einer andern Welt geboren,
Mag's erfrischen. Ich bin hier verloren
Wie ein Waldtier, das in Winternächten schreit."

Als nächstes möchte ich eine Frau erwähnen, die sich ihren Dichternamen nach einem der schönsten Täler Eures Landes gab, CHRISTINE LAVANT. Ich vermisse in unserer Zeit in zunehmendem Maße Menschen, die im Meer unserer großen Schwierigkeiten wie ein Leuchtturm aufragen, um uns trostreiche Botschaften zu vermitteln. Christine Lavant trug ihr ganzes Leben lang seit ihrer Kindheit schwere Schicksale, die sie auf's Tapferste geradezu „unheimlich" bewältigte. Sie gab sich aber nicht damit zufrieden, sondern versuchte, ihre Erkenntnisse möglichst vielen anderen als Botschaft zu vermitteln, und wenn ich diese Botschaft in einem Namen zusammenfassen darf, möchte ich sagen: Es war die Botschaft des Trostes. Aus ihrer tiefsten Gläubigkeit versuchte sie, mit ihrem Sein, ihren Dichtungen und ungezählten neuen Wortschöpfungen Menschen aufzurichten. Eine Patientin von mir hat den folgenden Brief von ihr erhalten, in dem sie schreibt:

„. . . Wenn Sie wüßten wie wohl meinen (verweinten) Augen Ihr Geschenk tut. Ja, Liebe, ich weine leider geradezu blödsinnig viel; die Nachwirkung einer Bauchgrippe. Sie müssen dies Geständnis nicht tragisch nehmen. Natürlich bin ich zutiefst in Trübsal aber es wird nicht ewig dauern.

Kind, Sie sollen keine Angst vor dem Irrsinn haben. Wer so eine schöne klare Schrift schreibt wie Sie und so gute geformte Sätze der wird nicht irrsinnig (es sei denn durch Gehirnverletzung usw.).

Aber ich weiß, wie es Ihnen an der tiefsten Stelle Ihres Lebens ergangen sein mag, glauben Sie mir das, ich bitte Sie. Es gibt keine Herz- oder Bewußtseinsqual die ich in den letzten Tagen nicht erfahren hätte. Noch weiß ich nicht an welchem Halm und wie lang ich mich über Wasser halten werde aber ich weiß — wenn ich auf ihr Krüglein schaue, daß es zwischendurch immer und in jeder Hölle noch tröstliche Augenblicke gibt.

Natürlich dürfen Sie mir IMMER schreiben und was denn sonst als über sich selbst?! Wir wollen ja nicht Konversation machen sondern einander zeigen daß man auch in der Hölle noch aufrecht leben kann — nicht ununterbrochen aber doch meistenteils. Versuchen Sie, statt Neurose ,neue Rose' (wenn auch aus Qual) zu denken, man trägt sie dann leichter. Überdies ist es die wahrste Wirklichkeit . . . Ich werde Sie nimmer aus meinen Gedanken verlieren wie getrübt und verworren diese auch manchmal sein mögen. Gestern und heute habe ich vor dem Sterbekreuzlein meiner Eltern eine Kerze brennen für alle armen Menschen alle verzweifelten Irrsinnigen . . . für alle Qual der Welt. Da waren wohl auch Sie mitbemeint.

Gott behüte Sie und vergelte Ihnen Ihr schmerzendes armes Herz."

Das Wunderbare an der Lavantschen Trostbereitschaft ist auf der einen Seite, daß sie niemanden, auch nicht den geringsten unserer Brüder, ausschließt und somit eine Solidarität der Benachteiligten, Beladenen und Gedemütigten aufrichtet; sodann wohl auch, daß sie nicht frei ist von einem Anflug von Humor, den sie selbst einmal als jenen Halm bezeichnet hat, an dem sie sich immer wieder aufrichtet. Ich möchte in diesem Sinne noch das folgende Gedicht von ihr zitieren:

„Am Fensterblech läutet der Abendregen.
Mein Teppich aus braunem Packpapier
ist voll von ermüdeten Faltern.
Daß ich nur ja keinen zerkniee,
in Gottes Namen. Mein Augenlicht
ist ja schon schwach geworden
in den letzten bitteren Wochen.
Was werden wir beten, mein Herz,
solange es läutet?
Zuerst für die Seelen im Fegefeuer,
dann für alle, die am Verzweifeln sind:
Zuchthäusler, Krebskranke und Tuberkulose —
nicht die gefangenen Tiere vergessen,
die eingehen an Heimweh, oder Insekten.
Aber wir müssen noch weiter knien,
für die lange Reihe der geistig Verwirrten,
auf den gläsernen Stufen der Schwermut
bis hinab zum höllischen Irrsinn.
Ist das überstanden, dann helfe uns Gott,
daß uns einfällt jeder gewesene Freund,
jeder Wohltäter auch, denn ohne sie
wären wir jetzt mitten im Regen
und hätten kein Dach überm Kopf,
nur Elend, außen und innen."

Hier ist meiner Meinung nach ein großer Gedanke enthalten, nämlich der, daß man Lebewesen „zerknieen" kann in Gottes Namen, in scheinbarer Demut, aber in Wahrheit in herablassendem Hochmut. Das verstehe ich unter praktischem Christentum in diesen Tagen: die Notleidenden, die Gefährdeten unserer Zeit aufzufinden; nicht bloß Ideen, die vor 600 Jahren aktuell waren, weiter mit sich zu schleppen, sondern der jetzigen Not mit neuen christlichen Aktivitäten entgegenzutreten.

Als ich in den sechziger Jahren von meinem Lehrer Hans Hoff beauftragt wurde, ein Rehabilitationszentrum für Schizophrene in Wien aufzubauen, mußte ich nach Holland reisen, um einen Orden zu bewegen, hierher zu kommen, um dieses Problem zu lösen. Der Orden erfüllt bis heute seine Arbeit großartig, aber eine „österreichische Sektion" ist nicht entstanden. Wenn die Brüder eines Tages wieder nach Holland zurückkehren sollten, sind wir wieder in derselben Situation, in der wir vorher gewesen sind: kein Verständnis für die spezifischen Aufgaben unserer Zeit oder zu wenig Hilfe zur Lebensbewältigung ...

An nächster Stelle (erfreulicherweise) wieder eine Frau: unsere unvergessene INGEBORG BACHMANN. Sie hat jenen einen Satz „ersonnen", der für mich der Inbegriff der Lebensfreude ist, nämlich: „Nichts Schöneres unter der Sonne, als unter der Sonne zu sein", aber wenn man auf der anderen Seite eine Passage aus ihrem großen Roman „Malina" zitiert, dann weiß man auch, wie intensiv die Selbstzerstörungstendenz in ihr war: „Die Gesellschaft ist der allergrößte Mordschauplatz, doch alle halten sich an eine Fassade, an eine gefärbte Darstellung." Und dann versteht man, wenn auch mit tiefster Trauer, daß sie sich vor der Selbstzerstörung nicht zu retten vermochte (wohl auch, weil sie zweimal bedeutende Männer wählte, die sich für eine Rettungsaktion als nicht stark genug erwiesen, vielleicht nicht stark genug erweisen konnten). Aber sie steht mit ihrem Verbrennungstod vor uns wie eine leuchtende Fackel, die Licht in unser Dunkel bringt. Vieles aus ihren Werken wäre hier zu zitieren. Wenn ich die folgende Stelle auswähle, so hat dies einen besonderen Grund: Wir leben in einer Zeit, wo die sprachlichen Äußerungen verkümmern. Es gibt immer mehr Menschen, die verstummen, aber auch solche, die verstimmt sind. Das letztere weist uns auf die Bedeutung unserer Stimme hin, die tönen und eine besondere Kostbarkeit, eine gute Sprachmelodie formen soll. Im Altertum trugen die Schauspieler eine Maske, die eine Öffnung hatte, damit die Stimme durchtönen könne, was lateinisch „per sonare" hieß. Daraus wurde unsere „Person", von der Goethe gesagt hat, sie sei das größte Glück der Erdenkinder. Deutlicher kann die Bedeutung der Stimme nicht untermauert werden. Man könnte es auch so formulieren: Stimmdynamik ist das Spiegelbild der Psychodynamik. Höre die Stimme eines Menschen an, dann kannst du einiges über sein Seelenleben wissen. Es ist auch in diesem Zusammenhang interessant, daß die Psychiatrie manische und depressive Zustände als „VERSTIMMUNGEN" bezeichnet. Aber hören wir nun die unvergleichlichen und unvergeßlichen Formulierungen, die Ingeborg Bachmann dafür gefunden hat:

> „So müßte man den Stein aufheben können und in wilder Hoffnung halten, bis er zu blühen beginnt, wie die Musik ein Wort aufhebt und es durchhellt mit Klangkraft. So müßte man sich ausdrücken, ein Einsamer durch einen Einsamen, sich verbünden, einander Deutlichkeit verleihen vor der Welt. Und in der Folge sich überantworten. Denn es ist Zeit, ein Einsehn zu haben mit der Stimme des Menschen, dieser Stimme eines gefesselten Geschöpfs, das nicht ganz zu sagen fähig ist, was es leidet, nicht ganz zu singen, was es an Höhen und Tiefen auszumessen gibt. Da ist nur dieses Organ ohne letzte Präzision, ohne letzte Vertrauenswürdigkeit, mit seinem kleinen Volumen, der Schwelle oben und unten — weit entfernt davon, ein Gerät zu sein, ein sicheres Instrument, ein gelungener Apparat. Aber etwas Unbenommenes von Jugend ist darin oder die Scheu des Alters, Wärme und Kälte, Süße und Härte, jeder Vorzug des Lebendigen. Und diese Auszeichnung, hoffnungsloser Annäherung an Vollkommenheit zu dienen!
>
> Es ist Zeit, dieser Stimme wieder Achtung zu erweisen, ihr unsere Worte, unsere Töne zu übertragen, ihr zu ermöglichen, zu den Wartenden und zu den Abgewandten zu kommen mit der schönsten Bemühung. Es ist Zeit, sie nicht mehr als Mittel zu begreifen, sondern als den Platzhalter für den Zeitpunkt, an dem Dichtung und Musik den Augenblick der Wahrheit miteinander haben.
>
> Auf diesem dunklen Stern, den wir bewohnen, am Verstummen, im Zurückweichen vor zunehmendem Wahnsinn, beim Räumen von Herzländern, vor dem Abgang aus Gedanken und bei der Verabschiedung so vieler Gefühle, wem würde da — wenn sie noch einmal erklingt, wenn sie für ihn erklingt! — nicht plötzlich inne, was das ist: Eine menschliche Stimme."

(Aus „Die Wahrheit ist dem Menschen zumutbar". Ein „wahrhaft" symbolischer Titel!)

Ich darf nun zu den Lebenden kommen und an erster Stelle PETER HANDKE zitieren. Alle seine Werke sind grandiose Wortkompositionen, die wir nur richtig anhören müssen, um die dahinterliegenden erschütternden Wahrheiten zu entdecken. Am tiefsten getroffen hat mich persönlich „Wunschloses Unglück", in dem Handke den Weg seiner Mutter in den Selbstmord schildert (nicht nur, weil ich Suizidforscher bin). Er nennt es ein „Naturschauspiel mit einem menschlichen Requisit, das dabei systematisch entmenscht wurde" — für mich aber ist es eine einmalige Darstellung der dynamischen Entwicklung jenes präsuizidalen Syndroms, welches ich als charakteristisch für selbstmordgefährdete Menschen wissenschaftlich beschrieben habe:

> „Als Frau in diese Umstände geboren zu werden, ist von vornherein schon tödlich gewesen. Man kann es aber auch beruhigend nennen: jedenfalls keine Zukunftsangst. Die Wahrsagerinnen auf den Kirchtagen lasen nur den Burschen ernsthaft die Zukunft aus den Händen; bei den Frauen war diese Zukunft ohnehin nichts als ein Witz.

> Keine Möglichkeit, alles schon vorgesehen: kleine Schäkereien, ein Kichern, eine kurze Fassungslosigkeit, dann zum ersten Mal die fremde, gefaßte Miene, mit der man schon wieder abzuhausen begann, die ersten Kinder, ein bißchen noch Dabeisein nach dem Hantieren in der Küche, von Anfang an Überhörtwerden, selber immer mehr Weghören, Selbstgespräche, dann schlecht auf den Beinen, Krampfadern, nur noch ein Murmeln im Schlaf, Unterleibskrebs, und mit dem Tod ist die Vorsehung schließlich erfüllt."

> „Keine Angst, außer die kreatürliche im Dunkeln und im Gewitter; nur Wechsel zwischen Wärme und Kälte, Nässe und Trockenheit, Behaglichkeit und Unbehagen.

> Die Zeit verging zwischen den kirchlichen Festen, Ohrfeigen für einen heimlichen Tanzbodenbesuch, Neid auf die Brüder, Freude am Singen im Chor. Was in der Welt sonst passierte, blieb schleierhaft; es wurden keine Zeitungen gelesen als das Sonntagsblatt der Diözese und darin nur der Fortsetzungsroman.

> Die Sonntage: das gekochte Rindfleisch mit der Meerrettichsoße, das Kartenspiel, das demütige Dabeihocken der Frauen, ein Foto der Familie mit dem ersten Radioapparat."

Eine spätere Situation der trostlosen Einengung:

„Sie war also nichts geworden, konnte auch nichts mehr werden, das hatte man ihr nicht einmal vorauszusagen brauchen. Schon erzählte sie von ‚meiner Zeit damals‘, obwohl sie noch nicht einmal dreißig Jahre alt war. Bis jetzt hatte sie nichts ‚angenommen‘, nun wurden die Lebensumstände so kümmerlich, daß sie erstmals vernünftig sein mußte. Sie nahm Verstand an, ohne etwas zu verstehen.

Sie hatte schon angefangen, sich etwas auszudenken, und sogar so gut es ging danach zu leben versucht — dann das ‚Sei doch vernünftig!‘ — der Vernunft-Reflex — ‚Ich bin ja schon still!‘

Sie wurde also eingeteilt und lernte auch selber das Einteilen, an Leuten und Gegenständen, obwohl daran kaum etwas zu lernen war: die Leute, nicht ansprechbarer Ehemann und noch nicht ansprechbare Kinder, zählten kaum, und die Gegenstände standen ohnehin fast nur in den allerkleinsten Einheiten zur Verfügung — so mußte sie kleinlich und haushälterisch werden: die Sonntagsschuhe durfte man nicht wochentags tragen, das Ausgeh-Kleid mußte man zu Hause gleich wieder an den Bügel hängen, das Einkaufsnetz war nicht zum Spielen da!, das warme Brot erst für morgen. (Noch meine Firmungsuhr später wurde gleich nach der Firmung weggesperrt.)

Aus Hilflosigkeit nahm sie Haltung an und wurde sich dabei selbst über. Sie wurde verletzlich und versteckte das mit ängstlicher, überanstrengter Würde, unter der bei der geringsten Kränkung sofort panisch ein wehrloses Gesicht hervorschaute. Sie war ganz leicht zu erniedrigen.

Wie ihr Vater glaubte sie sich nichts mehr gönnen zu dürfen und bat doch wieder mit verschämtem Lachen die Kinder, sie an einer Süßigkeit einmal mitlecken zu lassen.“

Und wieder eine Station des Kreuzweges weiter:

„Zu Hause freilich die VIER WÄNDE, und mit diesen allein; ein bißchen hielt die Beschwingtheit noch an, ein Summen, der Tanzschritt beim Schuhausziehen, ganz kurz der Wunsch, aus der Haut zu fahren, aber schon schleppte man sich durch das Zimmer, vom Mann zum Kind, vom Kind zum Mann, von einer Sache zur andern.

Sie verrechnete sich jedesmal; zu Hause funktionierten die kleinen bürgerlichen Erlösungssysteme eben nicht mehr, weil die Lebensumstände — die Einzimmerwohnung, die Sorge um nichts als das tägliche Brot, die fast nur auf unwillkürliche Mimik, Gestik und verlegenen Geschlechtsverkehr beschränkte Verständigungsform mit dem LEBENSGEFÄHRTEN — sogar noch vorbürgerlich waren. Man mußte schon außer Haus gehen, um wenigstens ein bißchen etwas vom Leben zu haben. Draußen der Sieger-Typ, drinnen die schwächere Hälfte, der ewige Verlierer. Das war kein Leben!

Sooft sie später davon erzählte — und sie hatte ein Bedürfnis, zu *erzählen* —, schüttelte sie sich zwischendurch oft vor Ekel und vor Elend, wenn auch so zaghaft, daß sie beides damit nicht *abschüttelte*, sondern eher nur schaudernd wiederbelebte."

Allmählich kommt, durchaus einfühlbar, auch der Todesgedanke auf:

„Es gab nichts von einem selber zu erzählen; auch in der Kirche bei der Osterbeichte, wo wenigstens einmal im Jahr etwas von einem selber zu Wort kommen konnte, wurden nur die Stichworte aus dem Katechismus hingemurmelt, in denen das Ich einem wahrhaftig fremder als ein Stück vom Mond erschien. Wenn jemand von sich redete und nicht einfach schnurrig etwas erzählte, nannte man ihn ‚eigen‘. Das persönliche Schicksal, wenn es sich überhaupt jemals als etwas Eigenes entwickelt hatte, wurde bis auf Traumreste entpersönlicht und ausgezehrt in den Riten der Religion, des Brauchtums und der guten Sitten, so daß von den Individuen kaum etwas Menschliches übrigblieb; ‚Individiuum‘ war auch nur bekannt als ein Schimpfwort.

Der schmerzensreiche Rosenkranz; der glorreiche Rosenkranz; das Erntedankfest; die Volksabstimmungsfeier; die Damenwahl; das Bruderschafttrinken; das In-den-April-Schicken; die Totenwache; der Silvesterkuß: — in diesen Formen veräußerlichten privater Kummer, Mitteilungsdrang, Unternehmungslust, Einmaligkeitsgefühl, Fernweh, Geschlechtstrieb, überhaupt jedes Gedankenspiel mit einer verkehrten Welt, in der alle Rollen vertauscht wären, und man war sich selber kein Problem mehr.

Spontan zu leben — am *Werk*tag spazierengehen, sich ein zweites Mal verlieben, als Frau allein im Gasthaus einen Schnaps trinken —, das hieß schon, eine Art von Unwesen treiben; ‚spontan‘ stimmte man höchstens in einen Gesang ein oder forderte einander zum Tanz auf.

Um eine eigene Geschichte und eigene Gefühle betrogen, fing man mit der Zeit, wie man sonst von Haustieren, zum Beispiel Pferden, sagte, zu ‚fremdeln‘ an: man wurde scheu und redete kaum mehr, oder wurde ein bißchen verdreht und schrie in den Häusern herum.

Die erwähnten Riten hatten dann eine Trostfunktion. Der Trost: er ging nicht etwa auf einen ein, man ging vielmehr in ihm auf; war endlich damit einverstanden, daß man als Individuum nichts, jedenfalls nichts Besonderes war.

Man erwartete endgültig keine persönlichen Auskünfte mehr, weil man kein Bedürfnis mehr hatte, sich nach etwas zu erkundigen. Die Fragen waren alle zu Floskeln geworden, und die Antworten darauf waren so stereotyp, daß man dazu keine *Menschen* mehr brauchte, *Gegenstände* genügten: das süße Grab, das süße Herz Jesu, die süße schmerzensreiche Madonna verklärten sich zu Fetischen für die eigene, die täglichen Nöte versüßende Todessehnsucht; vor diesen tröstlichen Fetischen verging man. Und durch den täglich gleichförmigen Umgang mit immer denselben Sachen wurden auch diese einem heilig; nicht das Nichtstun war süß, sondern das Arbeiten. Es blieb ohnehin nichts anderes übrig.

Man hatte für nichts mehr Augen. ‚Neugier‘ war kein Wesensmerkmal, sondern eine weibliche oder weibische Unart.“

Diese ganze Entwicklung mündet in zwei furchtbare, knappe Sätze: „Sie war, sie wurde, sie wurde nichts“ und „Wunschloses Unglück“, eben den Titel der Geschichte. Letzteres besagt, daß sie sich ins Unglück fügt: Sie will sich nicht mehr zusammennehmen („Immer habe ich stark sein müssen, dabei wollte ich am liebsten nur schwach sein.“); „Aber an ein Weiterleben ist nicht zu denken“, schreibt sie an ihren Mann. Ihr Selbstmord ist Aufgeben, aber auch Auflehnung, freilich gegen die eigene Person gerichtet, aber doch damit irgendwie zu sich findend.

Das ist eine schreckliche, scheinbar unausweichliche, unabwendbare Geschichte, man kann sich ganz einfühlen, es nachvollziehen — und doch wieder, so einfach ist das alles nicht, denn da schreibt Handke den merkwürdigen Satz: „Es brauchte nur jemand mit dem kleinen Finger zu winken, und sie wäre auf die richtigen Gedanken gekommen." Freilich, fügt er resignierend hinzu: „Hätte, wäre, würde." Dieser Satz, so klein, so beiläufig hingeschrieben, eröffnet doch einen neuen Aspekt, einen kleinen Hoffnungsschimmer in der Finsternis: daß auch solche Schicksale vermeidbar sein könnten, wenn die Gesellschaft, die Mitmenschen, aus denen sie letztlich besteht, nicht versagt.

Darf ich an dieser Stelle eine Hoffnung aussprechen: daß sich diese Gesellschaft, insbesondere was die Position der Frau betrifft, allmählich ändert. Gerade meine Beobachtungen in Kärnten in letzter Zeit ermutigen mich, zu glauben, daß die Frau auch in diesem Bundesland auf dem Wege dazu ist, die Gleichberechtigung zu erreichen, ohne deshalb ausgesprochen sogenannte männliche Züge (ist gleich „männlicher neurotischer Protest" im Sinne Alfred Adlers) annehmen zu müssen. Es spricht ja enorm gegen unsere derzeitige Gesellschaftsauffassung, vor allem gegen die Männer, daß sie nur Frauen „hineinkommen" lassen, die eine Struktur annehmen, die der ihrigen ähnlich ist.

An den Schluß möchte ich PETER TURRINI stellen, einen echten und innigen Freund von mir.

Mehrmals habe ich bereits auf das tragische Schicksal der Kinder in Österreich hingewiesen, weil sie oft von den Eltern neurotisiert werden, habe aber auch betont, daß eine beträchtliche Zahl dieser Eltern insofern an diesem Vorgang unschuldig ist, teils weil sie selbst in der Kindheit neurotisiert wurden und nur in einer „Stafette des Unheils" diese Neurose weitergeben (vor kurzem sagte ein Patient diesbezüglich treffend zu mir: „Ich konnte mir die Eltern ja nicht aussuchen, aber meine Eltern ihrerseits konnten dies auch nicht."), teils aber auch, weil sie an einem emotionalen Defekt leiden, zum Beispiel, innerer Einsamkeit, den sie hoffen, durch das Kind und auf Kosten des Kindes ausgleichen zu können.

So geschah es auch Peter Turrini, und seine Problematik verdichtete sich zu einer Depression, die solchen Leidensdruck hervorrief, daß er schließlich bereit war, sich einer Psychotherapie zu unterziehen. In seinem unvergleichlichen Gedichtband „Ein paar Schritte zurück" hat er nun diese Behandlung fragmenthaft zur Darstellung gebracht, und auf lange Sicht, so glaube ich, wird man sagen dürfen: Wenn du wissen willst, was eine Psychotherapie wirklich ist, dann nimm' dir diese Gedichte im Wortsinne zu Herzen.

Viele glauben, daß eine solche Behandlung eine unbarmherzige Abrechnung mit den Eltern sein müsse. Freud, der als erster das Elend der Kinder entdeckte, konnte dennoch seine Lehre leider nicht in den Dienst dieser Kinder stellen (dies wurde erst seiner Tochter Anna Freud möglich), weil er zutiefst in der jüdischen Vaterreligion wurzelte, wo der Vater immer recht hatte.

Betrachten wir in diesem Zusammenhang nur die Interpretation des Ödipus-Komplexes, die er gegeben hat: Der Sohn erschlägt aus Eifersucht den Vater, um mit der Mutter schlafen zu können. In dieser Deutung wird auf die Schuld der Eltern des Ödipus mit keinem Wort eingegangen. Gewiß, da lag eine Prophezeiung vor, daß der Sohn für die Eltern gefährlich werden würde. Aber rechtfertigt dieselbe die Aussetzung des Kindes in fremder Ferne? Sicherlich nicht, und es kommt hinzu, daß eben erst durch diese Verstoßung die „Schuld" des Ödipus möglich wird, denn als er Laios erschlägt, weiß er doch nicht, daß dieser sein Vater ist, ebensowenig, daß es sich bei Jokaste, die ihm als Preis zufällt, um die eigene Mutter handelt. Von all dem ist bei Freud nichts zu hören: Denn er identifiziert sich ja mit Laios, steht auf der Seite des Vaters; er ist zeit seines Lebens selbst der Vater gewesen, der vor seinen Söhnen Angst hatte und vielleicht gerade typischerweise durch diese Angst das erreichte, was er am meisten fürchtete, den Abfall zweier seiner begabtesten Schüler (Alfred Adler, C. G. Jung), den er ja sicher als Vatermord erlebte.

Heute wissen wir also, daß bei der Neurotisierung die Kinder Opfer der Eltern werden. Bedeutet dies aber, daß in der Psychotherapie die Eltern Opfer der Kinder werden? Natürlich muß zuerst das Leid, das die Kinder seit den frühen Tagen durch die Eltern erlitten haben, aus dem Zustand der Unbewußtheit („Du sollst nicht merken", nach Alice Miller) in den der Bewußtheit heraufgeholt werden. Natürlich kann dies nur wirksam sein, wenn es verbunden ist mit den Emotionen der Empörung und der Aggression, die sich damals jahrelang in den Kindern entwickelt haben. Wenn diese Emotionen nicht „herauskommen", kann Psychotherapie nicht wirksam sein. Aber andererseits dürfte dies nur ein Durchgangsstadium bleiben; jede gelungene Therapie mündet in eine Überwindung der Aggressivität und damit in eine Versöhnung mit den Eltern, soweit dies möglich ist (selbstverständlich nicht nach Art eines faulen Kompromisses).

Auch diesen fundamentalen Grundsatz einer vollendeten Therapie hat Peter Turrini erkannt und in den vier letzten Gedichten von „Ein paar Schritte zurück" in meisterhafter Weise wie folgt festgehalten:

„Am Ende der Trauer und des Zornes
verstehe ich meinen Vater.

Dieser kleine Italiener
dem der Schnee zu früh
und die deutsche Sprache zu spät kam
hatte Angst.

Er spürte
daß es für Ausländer
keinen Platz gab
am Stammtisch der Einheimischen.

Um nicht aufzufallen
schwieg und arbeitete er.
Er ahmte die ortsüblichen Tugenden nach
bis sie ihn begruben.

Einmal
erzählte mir mein Halbbruder Jahre später
wollte er die Werkstatt anzünden
die Familie verlassen
und zurück in seine Heimat gehen.

Es tut mir leid
daß ich ihm nicht mehr sagen kann
wie gerne ich mit ihm
in den Süden gegangen wäre."

„Mutter
du wirst alt
und ich werde älter.

Es wird Zeit
daß wir uns als Menschen begegnen
und miteinander reden.

Jetzt
da ich meine Geschichten erzählt habe
bin ich offen für deine.

Ich akzeptiere
daß ich erwachsen
und allein bin
und freue mich
ohne Vorbehalt
auf deine Wärme.

Ich hoffe
daß du die meine
nach allem
was ich gesagt habe
noch annehmen kannst."

„Heute
stehe ich am Grab
meines längst verstorbenen Vaters.
Ich spüre meine Fähigkeit
Abschied zu nehmen
und bin
wie jeder Mensch
der einen Vater verloren hat
traurig."

„Ich freue mich auf den Tag
und sei es ein halber
an dem die Väter den Platz
neben ihren Kindern einnehmen.

Ich freue mich auf den Tag
an dem die Mütter
ohne ihr Ansehn zu verlieren
den Vätern diesen Platz
geben."

Nun, liebe Freunde, mit diesen Gedanken des Brückenschlags und der Versöhnung möchte ich meinen Vortrag beenden. Ich wünsche dem herrlichen Land Kärnten und seinen Einwohnern — in liebevoller Sorge — Frieden.

JOSEF STRUTZ

DIE „KÄRNTNER SEELE" IN DER LITERATUR

Wenn Kultur die Vermittlung von regionaler und (inter)nationaler gesellschaftlicher Identität ist, so kann das, was man hypothetisch die „Kärntner Seele" nennt, nicht in den Werken der auf rein regionale Belange abzielenden Autoren gefunden werden, bei jenen, die sich dem „Augenblickszustand" oder gar gestrigen Stand einer Kultur verschreiben, sondern nur bei jenen, die davon abweichen und die Irritationen aufzeichnen, die sich in den gesellschaftlichen Zuständen einer kleinen Welt, wie es Kärnten ist, abspielen. Nicht bei Josef Friedrich Perkonig oder bei Johannes Lindner werden wir Antwort darauf finden, wie sich Menschen in Kärnten verhalten, wie sie fühlen und denken, sondern bei jenen, die aus dem Gewand des Stammtisch-Kärntners und des Brauchtums-Menschen herauskönnen und danach fragen, wie sich auch hier ein geistiger Mensch zur Realität verhalte.

Im 20. Jahrhundert — und nur hier hat Kärnten (abgesehen von Adolph Ritter von Tschabuschnigg, dessen Roman „Die Industriellen" realistisches Maß besitzt) literarisch Qualitatives vorzuweisen — gibt es allerdings große Vorgaben: es ist das die Epoche Robert Musils und Ingeborg Bachmanns, der bedeutendsten Autoren, die Kärnten, wenn man so will, hervorgebracht hat. In ihren Werken ist gleichsam der Weltgeist anwesend, sie stellen ein Menschenbild dar, das unmöglich auf Kärnten reduziert werden kann, wollte man den beiden Dichtern nicht Gewalt antun. Trotzdem finden wir bei Ingeborg Bachmann starke biographische Reflexe auf Kärnten — die „Jugend in einer österreichischen Stadt" und die „Drei Wege zum See" sowie der frühe Roman „Das Honditschkreuz" sind getränkt mit Stimmung aus Kärnten, mit der Atmosphäre einer zum Teil kleinbürgerlichen, aber in manchen Linien wieder überweiten, weltbürgerlichen Emotionalität. So verbirgt sich in Kärnten, in dem Land mit den vielen Grenzen, im kleinen das Haus Österreich, ist Kärnten ein kleines „Kakanien", ein Land mit deutscher, slowenischer und italienischer Luft, ein Land der Seen und Berge, in dem sich die Welt von ihrem anstrengenden Fortschritt erholen will und dadurch einen gefährlichen Teil davon mit hereinbringt. Das Autobahn-Trauma aus „Drei Wege zum See" mag sinnbildlich sein für die Gefährdung, der Kärnten von innen und von außen unterliegt. Das ambivalente Verhältnis der Bachmann zu Kärnten ist ein Zeugnis dafür, wie sehr die Kärntner Seele droht,

63

den Einflüssen einer rohen und aggressiven Welt zu erliegen. Dieses Doppelgesicht Kärntens — hier das Idyllische, mit der mystischen, menschenleeren Landschaft, wo man mit Gott allein sein kann, dort das aggressive und rückständige Sich-zu-den-Mächtigen-Bekennen — spiegelt sich bei allen Autoren Kärntens, sei es bei Peter Handke, dem dritten im Bunde der Olympier, oder bei Florjan Lipuš, dem Unterkärntner Epiker, wie auch bei Josef Winkler, dem Beschreiber einer Kärntner Neurose. Auch bei Christine Lavant und Gustav Januš, den genuinen Lyrikern, ist dieses Spiel der Dämonen konstitutiv. Der in unserer Anthologie gespannte Bogen reicht von den Weltliteraten (Musil, Bachmann, Handke und Lavant) zu den im deutschen und slowenischen Sprachraum anerkannten Autoren, wie Michael Guttenbrunner, Peter Turrini, Gert Jonke, Florjan Lipuš, Gustav Januš, Josef Winkler und Bernhard C. Bünker, der die Dialektdichtung repräsentiert, aber in einem das Regionale überschreitenden Sinne.

Diesen Dichtern gemeinsam ist die kritische Liebe zu Kärnten und der Wunsch, das Land möge seiner eigenen Utopie gerecht werden. Vom Jugendstil und der Neuen Sachlichkeit beschreiten wir den Weg zu den Realisten der Gegenwart: die „Gestaltung der Seele" (Musil), die Dichtung leisten möchte, tritt uns in den Werken der Kärntner Autoren entgegen und wird uns das Bild des Kärntner Menschen zweifach vermitteln: in direktem, fast authentischem Sinne wie auch im Spiegel des Überregionalen. Mutato nomine, de te fabula narratur, dieses Wort des Horaz drückt das Verbindende schlechthin aus: Die Namen sind geändert, aber die Geschichte wird über dich erzählt.

ROBERT MUSIL (1880—1942)

Unter den Romanciers des 20. Jahrhunderts nimmt Musil eine herausragende Stellung ein. Bei keinem anderen — ausgenommen vielleicht Marcel Proust — finden wir eine derart gelungene Synthese von intellektueller und bildlicher Sprache. Musils Ziel, „Gestaltung der Seele" und „geistige Beiträge zur Bewältigung der Welt" in der Dichtung zu leisten, ist bereits in seinem Erstling, dem Roman „Die Verwirrungen des Zöglings Törleß" (1906), erreicht, dem Porträt eines ‚Jünglings ohne Eigenschaften‘, der die Fremdheit in der Welt der Mächtigen und Grausamen und die Berührungsfaszination und -ängste mit Konkretionen der Sexualität stärker spürt, weil er eine Figur ist, die, wie Musil, „auf die Ausnahmen achtet". Der „Törleß" wurde als erstes Dokument des Expressionismus betrachtet, wogegen sich schon Musil wehrte, er ist vielmehr ein Dokument des Jugendstils, vergleichbar den frühen Werken Rilkes oder Peter Altenbergs, verwandt auch den Menschendarstellungen Egon Schieles. Der Roman blieb Musils einziger epochaler Erfolg; seine „Vereinigungen" (1911), zwei Novellen, gehen zu sehr ins Esoterische um Breitenwirkung zu haben, sie sind aber bis heute Beispiele für das Schwierigste, das in deutscher Prosa geschrieben wurde.

Musil zu den Kärntner Dichtern zu rechnen, wird bei manchem auf Widerspruch stoßen, sei es, daß man den Dichter einenge, sei es, daß man seinen zu kurzen Aufenthalt auf Kärntner Boden dagegenhält. Geboren in Klagenfurt, wohin sein Vater 1873 aus Graz berufen wurde und wo dieser auch sein erstes technisches Buch schrieb („Die Motoren für das Kleingewerbe", 1878), waren die weiteren Stationen seines Lebens Komotau in Böhmen, Steyr in Oberösterreich, Brünn in Mähren und schließlich Berlin und Wien; gestorben ist Musil 1942 im Genfer Exil. Nirgends hat er eine ganz feste Heimat gefunden, denn selbst aus Wien (III. Bezirk, Rasumofskygasse 20) war er zweimal gekränkt, verbittert und mißachtet weggezogen. In einem Entwurf zur „Autobiographie", die er nicht mehr vollenden konnte, weist er auf die vielen Städte der Bundesländer hin, in denen seine Vorfahren und er gelebt und gearbeitet hatten, er schreibt: „Ich selbst bin in Klagenfurt geboren (...) Aber keines der Bundesländer beansprucht mich für sich." Ich glaube, man nimmt nun Musil zurecht für Klagenfurt in Anspruch, wenn man sieht, wie wenig Resonanz sein Schaffen etwa in Steyr oder gar in Brünn hat. Klagenfurt als südliche, dem Mediterranen zu gelegene Gartenstadt ist vielleicht die schönste Entsprechung für ein Werk, in dem so sehr Grenzen überschritten, Synthesen gebildet und das alte „Kakanien" lebendig erhalten wird. Musils Kriegsjahre führten ihn nach Trient und Südtirol (vgl. „Drei Frauen" und „Die Amsel"), aber auch nach Slowenien, wo er kurze Zeit in Postojna (Adelsberg) stationiert war. Auf diesen Aufenthalt geht die hier abgedruckte Prosaskizze „Slowenisches Dorfbegräbnis" (frühe Fassung: „Begräbnis in A.") zurück. Das zweite kleine Prosastück, „Hellhörigkeit", erschien zum ersten Mal im Prager Tagblatt (1924) und wurde später in die Sammlung „Nachlaß zu Lebzeiten" (1936) aufgenommen.

„Die Reise ins Paradies", die hier erstmals in „gereinigter Form" vorgelegt wird, das heißt, mit aufgelösten Abkürzungen und Unterscheidung von Erzähltext und Autorkommentar (= kursiv), ist ein ziemlich weit gediehener Kapitelentwurf zum „Mann ohne Eigenschaften", Musils Hauptwerk, dessen drei Teilbände 1930, 1933 und 1943 bei Rowohlt und dann bei Bermann-Fischer erschienen sind.

Es gibt zwei Hauptgründe, diesen schönen, aus 16 Abschnitten bestehenden Text hier aufzunehmen: zum einen enthält er in knapper Form das wesentlichste Anliegen Musils, nämlich das, seelische Grenzsituationen darzustellen („Reise an den Rand des Möglichen" nennt Musil diesen Weg, wobei das Motiv der Geschwisterliebe weniger reales Gewicht hat als einen auf den ägyptischen Mythos von Isis und Osiris verweisenden Charakter). Das Kapitel will den Weg zu einer sublimierten, paradiesischen Form der Liebe zeigen, muß aber in seiner Konsequenz eingestehen, daß auf Dauer eine Liebe nur eingebettet in die Gesellschaft, in eine Gruppe, in die „Gemeinde", bestehen kann.

Das zweite Hauptmotiv für die Aufnahme dieses Textes in unser Buch ist die Tatsache, daß es zu dem berühmten Musil-Text eine Oper gibt, die Dieter Kaufmann 1987 geschrieben und bei der Klagenfurter „Woche der Begegnung" zur Aufführung gebracht hat (erschienen in der Edition Reimers,

Stockholm). Nebenbei bemerkt ist der Schauplatz der „Reise" Sistiana mare bei Duino, wo Musil 1907 seinen Urlaub verbrachte. Die Nähe zu Kärnten, wo Musil 1906 weilte (Pörtschach/Wörther See), ist wieder vorhanden, und man kann sich vorstellen, daß auch von diesem Aufenthalt etwas in den Text eingeflossen ist.

Das Kapitel entstand 1925 und war für die Schlußgruppe des „Mann ohne Eigenschaften" geplant. Vieles spricht jedoch dafür, daß dieser Plan dahingehend abgeändert wurde, daß das Kapitel „Atemzüge eines Sommertags" dieses Kapitel ersetzen sollte, sodaß „Die Reise ins Paradies" den Stellenwert eines eigenen Musil-Werkes bekäme. Hier ist Ulrich, der „Mann ohne Eigenschaften", noch vitaler und leidenschaftlicher als in den Kapiteln aus den 30er Jahren. Ein Ulrich und ein Musil, wie man ihn nicht so genau kennt!

Robert Musil

Hellhörigkeit

Ich habe mich vorzeitig zu Bett gelegt, ich fühle mich ein wenig erkältet, ja vielleicht habe ich Fieber. Ich sehe die Zimmerdecke an, oder vielleicht ist es der rötliche Vorhang über der Balkontür des Hotelzimmers, was ich sehe; es ist schwer zu unterscheiden.

Als ich gerade damit fertig war, hast auch du angefangen, dich auszukleiden. Ich warte. Ich höre dich nur.

Unverständliches Auf- und Abgehn; in diesem Teil des Zimmers, in jenem. Du kommst, um etwas auf dein Bett zu legen; ich sehe nicht hin, aber was könnte es sein? Du öffnest inzwischen den Schrank, tust etwas hinein oder nimmst etwas heraus; ich höre ihn wieder schließen. Du legst harte, schwere Gegenstände auf den Tisch, andre auf die Marmorplatte der Kommode. Du bist unablässig in Bewegung. Dann erkenne ich die bekannten Geräusche des Öffnens der Haare und des Bürstens. Dann Wasserschwälle in das Waschbecken. Vorher schon das Abstreifen von Kleidern; jetzt wieder; es ist mir unverständlich, wieviel Kleider du ausziehst. Nun bist du aus den Schuhen geschlüpft. Danach aber gehn deine Strümpfe auf dem weichen Teppich ebenso unablässig hin und her wie vordem die Schuhe. Du schenkst Wasser in Gläser; drei-, viermal hintereinander, ich kann mir gar nicht zurechtlegen, wofür. Ich bin in meiner Vorstellung längst mit allem Vorstellbaren zu Ende, während du offenbar in der Wirklichkeit immer noch etwas Neues zu tun findest. Ich höre dich das Nachthemd anziehen. Aber damit ist noch lange nicht alles vorbei. Wieder gibt es hundert kleine Handlungen. Ich weiß, daß du dich meinethalben beeilst; offenbar ist das alles also notwendig, gehört zu deinem engsten Ich, und wie das stumme Gebaren der Tiere vom Morgen bis zum Abend ragst du breit, mit unzähligen Griffen, von denen du nichts weißt, in etwas hinein, wo du nie einen Hauch von mir gehört hast!

Zufällig fühle ich es, weil ich Fieber habe und auf dich warte.

Robert Musil

Slowenisches Dorfbegräbnis

Mein Zimmer war sonderbar. Pompejanisch rot mit türkischen Vorhängen; die Möbel hatten Risse und Fugen, in denen sich der Staub wie kleine Geröllrinnen und -bänder hinzog. Es war feiner Staub, unwirkliche Verkleinerung von Geröll; aber er war so ungeheuer einfach da, und in kein Geschehen mehr verflochten, daß er an die große Einsamkeit des Hochgebirges erinnerte, die nur vom Steigen und Sinken der Flut des Lichts und der Dunkelheit bespült wird. Von solchen Erlebnissen hatte ich damals viele.

Als ich das Haus zum erstenmal betrat, war es ganz vom Gestank toter Mäuse erfüllt. In das gemeinsame Vorzimmer, das mein Zimmer von dem der Lehrerinnen trennte, warfen diese alles, was sie nicht mehr liebten oder des Aufhebens nicht mehr für wert hielten: künstliche Blumen, Speisereste, Fruchtschalen und zerrissene schmutzige Wäsche, die das Reinigen nicht mehr lohnte. Sogar mein Diener beklagte sich, als ich ihn Ordnung schaffen hieß; und doch war die eine von ihnen schöner als ein Engel, und ihre ältere Schwester war zärtlicher als eine Mutter und malte ihr die Wangen täglich mit naiven Rosenfarben, damit ihr Antlitz auch noch so schön sei wie das der Bauernmuttergottes in der kleinen Kirche. Von den kleinen Schulmädchen, die oft zu uns kamen, wurden beide geliebt; und ich lernte das verstehen, als ich einmal erkrankt war und selbst ihrer beider Güte wie warme Kräuterkissen zu fühlen bekam. Als ich aber einmal ihr Zimmer unter Tags betrat, um etwas zu verlangen, denn sie waren die Vermieter, lagen sie beide im Bett, und als ich mich zurückziehen wollte, sprangen sie hilfsbereit aus den Decken hervor und waren völlig bekleidet; sogar die schmutzigen Straßenschuhe hatten sie im Bett an den Füßen behalten.

Das also war die Wohnung, worin ich stand, als ich dem Begräbnis zusah; eine dicke Frau war gestorben, die schräg meinen Fenstern gegenüber auf der anderen Seite der breiten, hier etwas ausgebuchteten Reichsstraße gelebt hatte. Am Vormittag brachten die Schreinerjungen den Sarg; es war Winter, und sie brachten ihn auf einem kleinen Handschlitten, und weil es ein schöner Vormittag war, schlitterten sie mit ihren Nagelschuhen auf der Straße daher, und die große schwarze Schachtel hinter ihnen sprang von einer Seite zur anderen. Jeder, der es sah, hatte das Gefühl, was für hübsche Jungen das wären, und wartete neugierig ab, ob der Schlitten umwerfen werde oder nicht.

Nachmittags aber stand schon das letzte Geleite vor dem Haus: Zylinder und Pelzmützen, modische Hüte und winterliche Kopftücher dunkel gegen das lichte Schneegrau des Himmels. Und die Geistlichkeit kam, schwarz und rot, und gezackte weiße Hemdchen darüber, quer über den Schnee. Und ein junger, großer, zottiger, brauner Hund sprang ihr entgegen und bellte sie an wie einen Wagen. Und wenn man so sagen darf, hatte er damit keine ganz falsche Beobachtung ausgedrückt; denn wirklich war in diesem Augenblick nicht sowohl Heiliges, noch selbst Menschliches, in den Nahenden, als vielmehr nur die schwierige Bewegung der mechanischen Seite ihrer Existenz auf dem glatten Straßenbelag.

Dann aber wurde es überirdisch. Ein ruhiger Baß stimmte ein wunderholdes, trauriges Lied an, in dem ich nur die fremden Worte für Süße Maria verstand, ein hellbraun wie Kastanien schimmernder Bariton fiel ein, und noch eine Stimme, und ein Tenor schwang sich über alle hinweg, während zu gleicher Zeit aus dem Haus ohne Ende Frauen mit schwarzen Tüchern quollen, die Kerzen vor dem Winterhimmel blaßgolden brannten und die Geräte blitzten. Da hätte man weinen mögen, aus keinem anderen Grund, als weil man bereits ein Mensch über Dreißig war.

Vielleicht auch ein wenig deshalb, weil sich hinter der Trauergesellschaft die Buben pufften. Oder weil der aufrechte junge Herr, dem der Hund gehörte, über aller Köpfe hinweg so regungslos nach den heiligen Handreichungen sah, daß man nicht wußte, warum. Einfach so ängstlich voll von Tatsachen, die nicht recht feststanden, war alles wie ein Porzellanschrank. Und wirklich konnte ich kaum noch an mich halten, wußte aber auch nicht, wohin ich mich wenden sollte, als ich, wohl durch Zufall, inmitten der Menge wieder gewahr wurde, daß der hochgegriffene junge Mann eine Hand am Rücken hielt und sein großer brauner Hund mit ihr zu spielen begann. Scherzend biß er an ihr herum und suchte sie mit seiner warmen Zunge aufzuwecken. Mit Spannung wartete ich nun ab, was sich daraus entwickeln werde. Und endlich, nach geraumer Zeit, während die ganze Gestalt des jungen Mannes in unbestimmter Erhebung erstarrt blieb, machte sich die Hand hinter dem Rücken los und selbständig und begann mit dem Maul des Hundes zu spielen, ohne daß es ihr Herr wußte.

Das rückte mir die Seele wieder ins Lot, ohne daß es ein ausreichender Grund war. Sie geriet damals, in jener Umgebung, worin ich mich auszuharren zwang, leicht auch dann in Unordnung oder Ordnung, wenn kaum eine Ursache dazu vorhanden war. Angenehm-unangenehm durchströmte mich die Erwartung des Händedrucks, den mir nach dem Begräbnis meine Hausgenossinnen anbieten werden, zusammen mit einem Gläschen von ihrem verdächtigen Hausschnaps und einigen ordentlichen Worten, denen nicht zu widersprechen ist: — vielleicht, daß das Unglück die Menschen einander näherbringe, oder so ähnlich.

Robert Musil

Die Reise ins Paradies

1.

Unten lag ein schmaler Küstenstreifen mit etwas Sand. Boote, heraufgezogen, von oben gesehn wie blaue und grüne Siegellackflecke. Wenn man näher zusah, Ölfässer, Netze, Männer mit hochgestreiften Hosen und braunen Beinen; Fisch- und Knoblauchgeruch; geflickte, wacklige Häuschen. So fern und klein war diese Betriebsamkeit am warmen Sand wie ein Käferleben. Zu beiden Seiten wurde sie von Felsen eingerahmt wie von Steinpflöcken, an denen die Bucht hing, und weiter hin stürzte, so weit das Auge sah, bloß die Steilküste mit krausen Einzelheiten in die südliche See; wenn man vorsichtig hinabkletterte, konnte man über abgestürzte Felstrümmer ein Stück ins Meer hinausgehn, das zwischen den Steinen Wannen und Tröge mit einem warmen Bad und unheimlichen tierischen Genossen füllte.

Als ob sich ein ungeheurer Lärm von ihnen gehoben und weggeflogen wäre, war Ulrich und Agathe zumute. Schwankende weiße Flammen, von der heißen Luft fast aufgesogen und verwischt, standen sie draußen in der See. Irgendwo war es in Istrien oder am Ostsaum von Italien oder am Tyrrhenischen Meer. Sie wußten es selbst kaum. Sie waren in Züge gestiegen und gefahren; es schien ihnen, daß sie kreuz und quer gereist seien, so daß sie den Weg gar nicht mehr zurückfinden könnten.

2.

Ancona auf ihrer Irrfahrt stand in der Erinnerung fest. Sie waren todmüde gekommen und mußten schlafen. Sie trafen am frühen Vormittag ein und verlangten Betten. Aßen Zabaglione im Bett und tranken starken Kaffee, dessen Schwere durch den Schaum gesprudelten Gelbeis wie in die Himmel gehoben war. Ruhten, träumten. Wenn sie eingeschlafen waren, schien ihnen jedesmal, daß die weißen Gardinen vor den Fenstern in einem bezaubernden Strömen erquickender Luft sich hoben und senkten; das waren ihre Atemzüge. Wenn sie wachten, sahen sie zwischen den sich öffnenden Spalten erzblaues Meer, und die roten und gelben

Segel der aus dem Hafen oder einfahrenden Bar-
ken waren schrill wie dahinschwebende Pfiffe.

Brouillon 197: Die Erinnerung an Ulrich hob sich
heraus. Man hätte erwarten können, daß sie ein Verbrechen bedeute und einen großen Schicksalstag:
aber das tat sie nicht. Seekrankheit ... usw.*

Sie verstanden nichts in dieser neuen Welt, und alles war wie Worte eines Gedichts.

Sie waren ohne Pässe abgereist, und ein leises
Gefühl von Furcht vor irgendeiner Entdeckung und
Bestrafung begleitete sie. Als sie im Gasthof abge-
stiegen waren, hatte man sie für ein junges Ehe-
paar gehalten und ihnen dieses schöne Zimmer mit
dem einen breiten für zwei Menschen bestimmten
Bett, ein letto matrimoniale, angeboten, das in
Deutschland außer Gebrauch gekommen ist. Sie
hatten sich nicht getraut, es zurückzuweisen.

*Nach den Leiden des Körpers die Sehnsucht nach
primitivem Glück.*

Wenn man darinlag, bemerkte man rechts von
der Tür, hochgelegt und nahe einer Zimmerecke,
an einer ganz unverständlichen Stelle ein ovales
Fenster von der Größe und Form einer Kabinenlu-
ke; es war undurchsichtig (= farbig) verglast, beun-
ruhigend wie ein heimlicher Beobachtungspunkt,
aber von einem leichten Kranz gemalter Rosen
umrahmt.

*Im Vergleich mit der ungeheuren Spannung vorher
war es nichts. Und nachträglich war es in jeder Einzelheit ein konspiratorisches Glück. Und im Augenblick, wo die Widerstände schwankten und schmol-
zen, hatte Ulrich gesagt: Es ist auch das Vernünftig-
ste, wenn wir nicht widerstehn; wir müssen das
hinter uns haben, damit nicht diese Spannung das
verfälscht, was wir vorhaben.*

Und sie reisten.
Sie waren 3 Tage geblieben.

*Es muß doch auch so sein: immer wieder von ein-
ander entzückt. Die Skala des Sexuellen mit Varia-
tionen durchmessend.*

*Es ist von Seele 3 Tage lang nicht die Rede. Erst
dann nehmen sie sie wieder auf.*

---

* Brouillon = Sammlung von Ideen und Entwürfen im
  Nachlaß Musils

3.

Als sie zum erstenmal auf die Straße traten: Ge-
schwirr von Menschen. Wie ein Sperlingshaufen,
der froh im Sand wühlt. Neugierige Blicke ohne
Scheu, die sich zuhause fühlten. Im Rücken der
vorsichtig in diese Menge gleitenden Geschwister
lag noch das Zimmer, lag das tiefe wie ein Windge-
kräusel auf dem Schlaf treibende Wachsein, die selige Erschöpfung, in der man sich gegen nichts,
auch gegen sich selbst nicht wehren kann, aber die
Welt ferne wie einen blassen Lärm vor den unendlich tiefen Gängen des Ohrs hört.

*Die Erschöpfung des übermäßigen Genusses im
Körper, das aufgezehrte Mark. Es ist beschämend
und beglückend. (Brouillon 200)*

4.

Weiter. Scheinbar Koffernomaden. In Wahrheit von
der Unruhe getrieben, den Platz zu finden, der wür-
dig des Lebens und Sterbens war.

Vieles war schön und hielt schmeichelnd fest.
Aber nirgends sagte die innere Stimme: dies ist das
letzte.

Endlich hier. Eigentlich hatte sie ein farbloser
Zufall hergeführt, und sie nahmen nichts Besonde-
res wahr. Da meldete sich leise und bestimmt die
Stimme.

Vielleicht waren sie, ohne es zu wissen, des kreu-
zenden Reisens müde geworden.

5.

Hier, wo sie geblieben waren, stieg von dem schmalen Strand, zwischen den zwei Felsenarmen der Küste, wie ein an die Brust gedrücktes Gewinde von
Blumen und Büschen, kleine Wege in ganz sachtem,
langem Anstieg darum gewickelt, ein Stück Garten-
natur zu einem kleinen, weißen, am Hang geborge-
nen, zu dieser Zeit menschenleeren Hotel empor.
Noch ein Stück höher kam nichts als schleiriger,
in der Sonne flimmernder Stein, zwischen den Füßen gelber Ginster und rote Disteln von den Füßen
gegen den Himmel empor laufend, die ungeheure
harte Gerade der Plateaukante, und wenn man mit
geschlossenen Augen emporgestiegen war, die man
jetzt öffnete: plötzlich wie ein donnernd aufge-
schlagener Fächer das reglose Meer.

69

Es ist wohl die Größe des Schwungs in der Umrißlinie; diese weitausfahrende, mit einem Arm umspannende Sicherheit, welche übermenschlich ist? Oder nur die ungeheure Einöde der lebensfremden Farbe dunkelblau? Oder daß die Himmelsglocke nirgends so unmittelbar über dem Leben ruht? Oder Luft und Wasser, an die man nie denkt? Farblose gutmütige Dienstboten sonst. Aber hier bei sich waren sie mit einemmal unnahbar aufgerichtet wie ein königliches Elternpaar.

Die Sagen fast aller alten Völker berichten, daß die Menschheit aus dem Wasser gekommen und die Seele ein Hauch von Luft ist. Sonderbar: die Wissenschaft hat festgestellt, daß der menschliche Leib fast ganz aus Wasser besteht. Man wird klein. Aus der Eisenbahn gestiegen, mit der sie das dichte Netz europäischer Energien durchquert hatten, und noch zitternd von dieser Bewegung heraufgeeilt, standen die Geschwister vor der Ruhe des Meers und Himmels nicht anders als sie vor hunderttausenden Jahren gestanden wären. Agathe traten die Tränen in die Augen, und Ulrich senkte den Kopf.

Wozu also die ganze Entwicklung? Kann man sie leugnen? Hier stimmte schon etwas nicht.

Arm an Arm, und die Hände verschränkt, stiegen sie in der Abendbläue wieder zu ihrer neuen Heimat ab. In dem kleinen Speisesaal funkelte das Weiß der Tischtücher, und die Gläser standen als weicher Glanz. Ulrich bestellte Fische, Wein und Früchte, er sprach ausführlich und sorgfältig mit dem Anführer der Kellner darüber: es störte nicht. Die schwarzen Gestalten glitten um sie oder standen an den Wänden. Besteck und Zähne arbeiteten. Die Geschwister führten miteinander sogar ein Gespräch, um nicht aufzufallen. Ulrich redete jetzt beinahe von dem Eindruck, den sie oben empfangen hatten. Als ob die Menschen vor Hunderttausenden von Jahren wirklich eine unmittelbare Offenbarung empfangen hätten, so ist es; wenn man bedenkt, wie ungeheuer das Erlebnis dieser ersten Mythen ist, und wie wenig seither . . . : Es störte nicht; alles, was geschah, war wie in das Rauschen eines Brunnens gebettet.

Ulrich sah lange seiner Schwester zu; sie war nicht einmal schön jetzt; auch das gab es nicht. Auf einer Insel, welche man bei Tag nicht gesehen hatte, leuchtete eine Kette von Häusern auf: das war

schön; aber weit weg, die Augen sehen nur flüchtig hin und dann wieder vor sich.

Sie haben 2 Zimmer verlangt.

6.

Das Meer im Sommer und das Hochgebirge im Herbst sind die zwei schweren Prüfungen der Seele. In ihrem Schweigen liegt eine Musik, die größer ist als alle andre irdische; es gibt eine selige Qual des Unvermögens, nach ihr zu schreiten, den Rhythmus der Gebärden und Worte so weit zu machen, daß er sich in den ihren fügt; mit dem Atem der Götter halten die Menschen nicht Schritt.

Ulrich und Agathe fanden am nächsten Morgen eine weiße winzige Sandbucht, oben in den Felsen, unter dem Rand des Plateaus; als sie hinkamen, war das Gefühl da — wie ein Wesen, das dort lebte, sie erwartet hatte und ihnen entgegensah —, hier weiß kein Mensch mehr von uns; sie waren einen kleinen natürlichen Pfad gewandert, die Küste bog ab, sie überzeugten sich in der Tat, daß das weiß leuchtende Hotel verschwunden war. Es war eine schmale, lange, sonnenbeschienene Felsstufe mit Sand und Steintrümmern. Sie kleideten sich aus. Sie hatten das Bedürfnis, nackt, schutzlos, klein wie Kinder vor der Größe des Meers und der Einsamkeit das Knie zu beugen und die Arme auszubreiten. Sie sagten es einander nicht und schämten sich voreinander, aber versteckt hinter Bewegungen der Kleider und des Suchens nach einem Ruheplatz, versuchte es jeder für sich.

Sie schämten sich beide, weil es so Naturfreude-artig ist, und erwarteten, es müßte etwas anderes daraus werden . . .

Die Stille nagelte sie ans Kreuz.

Sie fühlten, daß sie ihr bald nicht mehr standhalten konnten, schreien mußten, wahnsinnig wie Vögel.

Deshalb standen sie mit einemmal nebeneinander, mit den Armen umschlungen. Haut klebte sich an Haut; schüchtern drang durch die große Einöde dieses kleine Gefühl wie eine winzige saftige Blüte, die ganz allein zwischen den Steinen wächst, und beruhigte sie. Sie bogen das Rund des Horizonts wie einen Kranz um ihre Hüften und sahen in den Himmel. Standen jetzt wie auf einem hohen Balkon, ineinander und in das Unsagbare verflochten gleich zwei Liebenden, die sich im nächsten Augenblick in die Leere stürzen werden. Stürzten. Und die Leere trug sie. Der Augenblick hielt an; sank nicht und stieg nicht. Agathe und Ulrich fühlten ein Glück, von dem sie nicht wußten, ob es Trauer war, und nur die Überzeugung, die sie beseelte, daß sie erkoren seien, das Ungewöhnliche zu erleben, hielt sie davon ab, zu weinen.

7.

Aber sie entdeckten bald, wenn sie nicht wollten, brauchten sie das Haus gar nicht zu verlassen. Eine breite Glastür führte von ihrem Zimmer auf einen kleinen Balkon zum Meer hinaus. Man konnte ungesehn im Türrahmen stehn, die Augen auf dieses niemals Antwortende gerichtet, die Arme schützend umeinander geschlungen. Blaue Kühle, in der die lebendige Wärme des Tags noch nach Mitternacht wie feiner Goldstaub lag, drang von der See. Die Körper, während die Seelen in ihnen hochaufgerichtet waren, fanden einander wie Tiere, die Wärme suchen. Und da gelang den Körpern das Wunder. Ulrich war mit einemmal in Agathe oder sie in ihm.

Agathe sah erschreckt auf. Sie suchte Ulrich außerhalb, aber fand ihn in der Mitte ihres Herzens. Sie sah wohl seine Gestalt außen in der Nacht lehnen, eingehüllt in Sternenlicht, aber das war nicht seine Gestalt, sondern nur deren leuchtende, leichte Hülse; und sie sah die Sterne und die Schatten, ohne zu begreifen, daß sie weit waren. Ihr Leib war leicht und behend, es war ihr, als ob sie in der Luft schwebte. Ein wunderbarer und großer Aufschwung hatte ihr Herz ergriffen, mit solcher Schnelligkeit, daß sie fast noch den leisen Ruck zu fühlen meinte. Die Geschwister sahen in diesem Augenblick einander betroffen an.

So sehr sie seit Wochen jeder Tag darauf vorbereitet hatte, fürchteten sie in dieser Sekunde, den Verstand verloren zu haben. Aber es war alles klar in ihnen. Keine Vision. Eher eine übermäßige Klarheit. Und doch schienen sie nicht nur den Verstand, sondern all ihr Vermögen verloren und abgelegt zu haben; es regte sich kein Gedanke in ihnen, sie konnten keinen Vorsatz fassen, alle Worte waren weithin zurückgewichen, der Wille leblos; — alles, was sich im Menschen bewegt, war reglos eingerollt wie Blätter in glühender Windstille. Aber es lastete diese todähnliche Ohnmacht nicht auf ihnen, sondern das war, als ob sich eine Grabplatte von ihnen weggewälzt hätte. Was sich hören ließ in der Nacht, schluchzte ohne Laut und Maß, was sie anblickten, war formlos und weiselos und hatte doch aller Formen und Weisen freudenreiche Lust in sich. Es war eigentlich wundersam einfach: Mit den begrenzenden Kräften hatten sich alle Grenzen verloren, und da sie keinerlei Scheidung mehr spürten, weder in sich, noch von den Dingen, waren sie eins geworden.

Sie sahen sich vorsichtig um. Es war beinahe ein Schmerz. Sie waren ganz verirrt, weithin von sich, in eine Weite gesetzt, darin sie sich verloren. Sie sahen ohne Licht und hörten ohne Laut. Ihre Seele war so übermäßig gespannt wie eine Hand, die alle Kraft verliert, ihre Zunge war wie abgeschnitten. Aber dieser Schmerz war so süß wie eine wundersame, lebendige Klarheit.

? Es war wie eine Pein, und dennoch mehr eine Süßigkeit als eine Pein zu nennen, denn es war kein Verdruß dabei, sondern eine seltsame, ganz übernatürliche Annehmlichkeit (L 33/1)

Und weiter wurden sie gewahr, daß die begrenzenden Kräfte in ihnen sich gar nicht verloren, sondern in Wahrheit verkehrt hatten, und mit ihnen hatten sich alle Grenzen verkehrt. Sie bemerkten, daß sie gar nicht stumm geworden waren, sondern sprachen, aber sie wählten nicht Worte, sondern wurden von Worten erwählt; es regte sich kein Gedanke in ihnen, aber die ganze Welt war voll wundersamer Gedanken; sie vermeinten, daß sie und ebenso die Dinge nicht mehr einander abwehrende und verdrängende, geschlossene Körper seien, sondern geöffnete und verbundene Formen. Der Blick, welcher zeitlebens nur die kleinen Muster verfolgt, welche Dinge und Menschen auf dem ungeheuren Untergrund bilden, war mit einemmal umgekehrt worden, und der ungeheure Grund spielte mit den Gebilden des Lebens wie ein Ozean mit Streichhölzchen.

Agathe lehnte halb ohnmächtig an Ulrichs Brust. Sie fühlte sich in diesem Augenblick von ihrem

Bruder in einer so weiten, stillen und reinen Weise umarmt, daß es nichts Ähnliches gab. Ihre Körper bewegten sich nicht und wurden nicht verändert, dennoch floß ein sinnliches Glück durch sie, dessengleichen sie noch nie erlebt hatten. Das war kein Gedanke und keine Einbildung! Wo immer sie sich berührten, sei es an den Hüften, den Händen oder einer Strähne Haars, drangen sie ineinander ein.

Sie waren beide in diesem Augenblick überzeugt, daß sie den Scheidungen des Menschentums nicht mehr untertan seien. Sie hatten die Stufe des Verlangens überwunden, das seine Energie an eine Handlung und kurze Steigerung ausgibt, und es drang die Erfüllung nicht bloß an den bestimmten, sondern an allen Stellen ihres Leibes auf sie ein, wie Feuer nicht weniger wird, wenn sich anderes Feuer daran entzündet. Sie waren untergegangen in diesem alles ausfüllenden Feuer; waren schwimmend darin wie in einem Meer von Lust, und fliegend darin wie in einem Himmel von Entzücken.

Agathe weinte vor Glück. Wenn sie sich bewegten, fiel die Erinnerung, daß sie noch zwei waren, wie ein Weihrauchkorn in das süße Feuer der Liebe und löste sich darin auf; dies waren vielleicht die schönsten Augenblicke, wo sie nicht ganz eins waren.

Ursprünglich sollte hier: . . . Ich bin verliebt und weiß nicht, in wen . . . Ich bin weder treu, noch ungetreu, was bin ich doch . . . (L 33/2, 3, 6) auch hinein.

Denn sie fühlten stärker als über andren über dieser Stunde einen Hauch von Trauer und Vergänglichkeit, etwas Schatten- und Schemenhaftes, ein Beraubtsein, eine Grausamkeit, eine ängstliche Anspannung ungewisser Kräfte gegen die Furcht, wieder eingewandelt zu werden. Schließlich, als sie den Zustand nachlassen fühlten, trennten sie sich wortlos und in äußerster Erschöpfung.

8.

Am nächsten Morgen hatten sich Ulrich und Agathe getrennt, ohne etwas zu verabreden, und sahen einander nicht während des ganzen Tags; sie konnten nicht anders; das Gefühl der Nacht strömte noch ab und trug sie mit sich; beide hatten das Bedürf-nis, allein mit sich fertig zu werden, ohne zu bemerken, daß dies einen Widerspruch gegen das Erlebnis enthielt, welches sie überwältigt hatte. Sie gingen unwillkürlich nach entgegengesetzten Richtungen weit über Land, machten zu verschiedenen Zeiten halt, suchten ein Lager im Angesicht des Meers und dachten aneinander.

Man mag es seltsam nennen, daß ihre Liebe sogleich das Bedürfnis nach Trennung hatte, aber sie war so groß, daß sie ihr mißtrauten und nach dieser Probe verlangten.

Kann man sich noch trennen? Wie kann man es?

Nun kann man träumen. Unter einem Busch liegen, und die Bienen summen; oder in die spinnende Hitze, die dünne Luft, die lebendige Leere schaun. Die Sinne schläfern ein, und im Körper leuchten die Erinnerungen wieder auf, wie die Sterne nach Sonnenuntergang. Er wird wieder berührt und geküßt, und der magische Trennungsstrich, welcher noch die stärksten Erinnerungen sonst von der Wirklichkeit unterscheidet, wird von diesen leisen, träumenden überschritten. Sie schieben Zeit und Raum wie einen Vorhang zur Seite und vereinen die Liebenden nicht nur in Gedanken, sondern körperlich, aber nicht mit den schweren Körpern, sondern mit innerlich veränderten, die ganz aus zärtlicher Beweglichkeit bestehen. Aber erst, wenn man daran denkt, daß man während dieser Vereinigung, die vollendeter und glückseliger ist als die körperliche, gar nicht weiß, was der andere eben getan hat, noch was er im nächsten Augenblick tun wird, erreicht das Geheimnis seine größte Tiefe. Ulrich nahm an, daß Agathe im Hotel geblieben sei. Er sah sie auf dem weißen Platz vor dem weißen Haus stehn und mit dem Manager sprechen. Es war falsch. Und vielleicht stand sie bei dem jungen deutschen Professor, der angekommen war und sich ihnen vorgestellt hatte, oder sprach mit Luisina, dem Stubenmädchen mit den schönen Augen, und lachte über deren leichtfertig drollige Antworten. Daß Agathe jetzt lachen konnte!? Es zerriß den Zustand; ein Lächeln war gerade schwer genug, um von ihm getragen zu werden . . . !! Als Ulrich sich umkehrte, stand Agathe mit einemmal wirklich da. Wirklich? Sie war über die Steine gekommen, in einem großen Bogen, ihr Kleid flatterte im Wind, sie warf einen starken Schatten auf den heißen Boden und lachte Ulrich an. Glückselige wirkliche Wirklichkeit; es schmerzte so sehr, wie wenn Augen, die in die Weite gestarrt haben, sich rasch an die Nähe gewöhnen müssen.

9.

Agathe setzte sich neben ihn. Eine Eidechse saß dabei; eine kleine, huschende Lebensflamme züngelte sie still neben ihrem Gespräch. Ulrich hatte sie schon lange bemerkt. Agathe nicht. Aber als Agathe, die sich vor kleinen Tieren fürchtete, ihrer gewahr wurde, erschrak sie und scheuchte, verlegen lachend, das Geschöpfchen mit einem Stein fort. Und um sich Mut zu machen, ging sie hinterdrein, klatschte in die Hände und jagte die Kleine.

Ulrich, der auf die kleine Kreatur wie auf einen flimmernden Zauberspiegel gestarrt hatte, sagte sich: daß wir jetzt so verschieden waren, ist so traurig, wie daß wir zugleich geboren wurden, aber zu verschiedenen Zeiten sterben werden. Er verfolgte mit Aug und Ohr diesen fremden Körper Agathe. Aber da geriet er mit einemmal wieder ganz tief hinein und war am Boden des Erlebnisses, aus dem ihn Agathe aufgescheucht hatte.

Er vermochte es nicht klar festzustellen, aber in dieser flimmernden Helle über den Steinen, worin sich alles verwandelte, Glück in Trauer, und auch Trauer in Glück, gewann der peinliche Augenblick unvermittelt die heimliche Wollust des Hermaphroditen, welcher sich, in zwei selbständige Wesen getrennt, wiederfindet, deren Geheimnis niemand ahnt, der sie berührt. Wie herrlich ist es doch — dachte Agathes Bruder — daß sie anders ist als ich, daß sie Dinge tun kann, die ich nicht errate, und die doch durch unsre geheimnisvolle Sympathie auch mir gehören. Es fielen ihm Träume ein, deren er sich sonst nie erinnerte, die ihn aber doch oft beschäftigt haben mußten. Er war manchmal im Traum der Schwester einer Geliebten begegnet, obgleich diese gar keine Schwester besaß; und diese fremd-vertraute Person leuchtete alles Glück des Besitzes und alles Glück des Verlangens aus. Oder hörte eine weiche Stimme, die sprach. Oder sah nur das Flattern eines Rocks, der ganz bestimmt einer Fremden gehörte, aber ganz bestimmt war diese Fremde seine Geliebte. Als ob eine wesenlose, eine ganz freie Zuneigung mit den Menschen nur spielte. Mit einem Schlag erschrak

Ulrich und glaubte in großer Helligkeit zu sehen, daß gerade dies das Geheimnis der Liebe sei, daß man nicht eins ist.

Das gehört zu den Prinzipien der Profanliebe! Also eigentlich schon Spiel wider sie selbst.

„Wie wundervoll ist es, Agathe", sagte Ulrich, „daß du Dinge tun kannst, die ich nicht errate."

„Ja", antwortete sie, „die ganze Welt ist voll von solchen Dingen. Als ich über diese Hochebene ging, fühlte ich, daß ich jetzt nach allen Seiten gehen könnte."

„Warum bist du aber zu mir gekommen?"

Agathe schwieg.

„Es ist so schön, anders zu sein, als man geboren wurde", fuhr Ulrich fort. „Ich habe mich aber eben davor gefürchtet." Er erzählte ihr die Träume, an die er sich erinnert hatte, und sie kannte sie auch.

„Warum fürchtest du dich aber?" fragte Agathe.

„Weil mir einfiel, wenn es der Sinn dieser Träume ist — und es könnte wohl sein, daß sie die letzte Erinnerung daran bedeuten —, daß unsre Begierde nicht verlangt, ein Mensch aus zweien zu werden, sondern im Gegenteil, unsrem Gefängnis, unsrer Einheit zu entrinnen, zwei zu werden in einer Vereinigung, aber lieber noch zwölf, tausend, unzählbar Viele, wie im Traum uns zu entschlüpfen, das Leben hundertgrädig gebraut zu trinken, uns entführt zu werden, oder wie immer, denn ich vermag es nicht gut auszudrücken, dann enthält ja die Welt soviel Wollust wie Fremdheit, ebensoviel Zärtlichkeit wie Aktivität, ist keine Opiumwolke, sondern eher ein Blutrausch, ein Orgasmus der Schlacht, und der einzige Fehler, den wir begehen könnten, wäre, daß wir die (wollüstige Berührung der) Wollust der Fremdheit verlernt hätten und uns einbilden, wunder was zu tun, wenn wir den Orkan der Liebe in dünne Bächlein teilen, die zwischen zwei Menschen hin- und herfließen———"

Er war aufgesprungen.

„Wie müßte man dann aber sein?" fragte Agathe nachdenklich und einfach. Es schmerzte ihn doch, daß sie seinen halb geliebten und halb verfluchten Einfall sogleich sich aneignen konnte. „Man müßte schenken können", fuhr sie fort, „ohne wegzunehmen. So sein, daß Liebe nicht weniger wird, wenn man sie teilt. Das ist dann auch möglich.

Nicht Liebe wie einen Schatz behandeln", lachte sie. „Wie das doch schon in der Sprache liegt!"

Ulrich nahm kopfgroße Steine und schleuderte sie von der Höhe ins Meer hinaus, das winzig klein aufspritzte; er hatte lange keine Muskelbewegung mehr gemacht.

„Aber —?" sagte Agathe. „Ist, was du sagst, nicht einfach das, was man nicht selten liest, das große, in Zügen von Lust die Welt Trinken —? Tausendfach sein wollen, weil einmal nicht genügt?" Sie parodierte es etwas, weil sie plötzlich wußte, daß sie es nicht liebte.

„Nein!" schrie Ulrich zurück. „Nie ist es das, was die andern sagen!" Er schleuderte den großen Stein, den er in der Hand hielt, so zornig zur Erde, daß der lockere Kalk zerbarst. „Wir haben uns vergessen", sagte er sanft, nahm Agathe unter dem Arm und zog sie fort. „Es müßten eine Schwester und ein Bruder noch dann sein, wenn sie in hundert Stücke geteilt sind. — Übrigens ist das ja nur ein Einfall."

10.

Indes kamen Tage, wo sich nur die Oberfläche bewegte. Auf den blitzend feuchten Steinen im Meer. Ein Schweigwesen. Fisch, blumig im Wasser. Agathe tollte von Stein zu Stein ihm nach, bis es abtaucht, wie ein Pfeil ins Dunkel dringt und verschwindet. Nun? dachte Ulrich. Agathe stand draußen auf den Klippen, er am Rand; eine Melodie des Geschehens brach ab, und eine neue muß fortfahren: Wie wird sie sich umwenden, zum Ufer zurücklächeln? Schön. Wie alle Vollendung. Vollkommen im Liebreiz der Bewegung tat es dann Agathe; die Einfälle des Orchesters ihrer Schönheit waren, wenn es scheinbar ohne Dirigenten musizierte, immer hinreißend.

Jedoch alle vollendete Schönheit — ein Tier, ein Bild, eine Frau — ist nicht mehr als das letzte Stück in einem Kreis; eine Rundung ist vollendet, das sieht man, aber man möchte den Kreis kennen. Wenn es ein bekannter Lebenskreis ist, zum Beispiel der eines großen Mannes, dann ist ein edles Pferd oder eine schöne Frau wie die Agraffe im Gürtel, die ihn schließt und für einen Augenblick die ganze Erscheinung zu halten scheint; ebenso kann man sich in ein schönes Bauernpferd vergaf-

fen, weil sich in ihm wie in einem zusammenziehenden Spiegel die ganze schwerfüßige Schönheit des Ackers und der Menschen wiederholt. Wenn aber nichts dahintersteht? Nicht mehr als hinter den Sonnenstrahlen, die auf den Steinen tanzen? Wenn diese Unendlichkeit des Wassers und Himmels erbarmungslos offen ist? Dann glaubt man fast, daß Schönheit etwas im geheimen Verneinendes ist, etwas Unvollendetes und Unvollendbares, ein Glück ohne Zweck, ohne Sinn. Aber womit, wenn es ohne alles ist? Dann ist Schönheit eine Pein, zum lachen und weinen, ein Kitzel, um sich im Sand zu wälzen, mit dem Pfeil Apoll's in der Flanke.

Haß gegen die Schönheit. Sinn des drängenden Sexualbegehrens: sie zu zerstören.

Die Helligkeit solcher Tage war wie Rauch, der die Klarheit der Nächte verwischte.

11.

Agathe hatte etwas weniger Phantasie als Ulrich. Weil sie nicht so viel gedacht hatte wie er, war ihr Gefühl nicht so beweglich wie seines, sondern brannte wie eine gerade Flamme aus dem Boden, worauf sie gerade stand. Das Abenteuerliche der Flucht, das etwas durch die Furcht vor Entdeckung geängstigte Gewissen, endlich das Versteck in einem Blumenkorb zwischen Karstwand, Meer und Himmel gaben ihr zuweilen eine übermütige und kindliche Heiterkeit. Sie behandelte dann auch ihr sonderbares Erlebnis wie ein Abenteuer; einen verbotenen Raum in ihrem eigenen Innern, über dessen Gehege man späht, oder in den man eindringt, mit Herzklopfen, brennendem Hals und schweren Sohlen, an denen noch vom heimlich durcheilten Weg das plumpe Gewicht nasser Erde klebt.

Ganz leichte Andeutung wiederholten Coitus so geben.

Sie hatte manchmal eine spielende Art, sich berühren zu lassen, mit geöffnet verschlossenen Augen; wiederzukehren; eine Zärtlichkeit, die nicht zu sättigen war. Er beobachtete sie heimlich, sah dieses Spiel der Liebe mit dem Körper, welches das Entzücken eines Lächelns und das Niederdrückende einer Naturgewalt hat, zum erstenmal, oder wurde zum erstenmal davon gerührt. Oder es kamen Stunden, wo sie ihn nicht ansah, kalt, fast bös zu ihm war; — weil sie zu bewegt war; wie ein Mensch in einem Boot, der sich nicht zu rühren wagt, so in ihrem Leib. *21/82, 83. ?— jedesmal nachher. Weil die Verbindung nicht funktioniert 21/52.* Oder Nachreaktionen; zuerst eine Sperrung und dann, scheinbar ohne Anlaß, ein Nachfluten. Es war spannend und reizvoll, sich von diesen Eingebungen wiegen zu lassen, sie kürzten die Stunden, aber sie zwangen zu einer Optik der Nähe und kleinen Bemerkungen. Ulrich wehrte sich dagegen. Es war ein Rest von Erde, der in dem flüssigen Feuer schwebte und es trübte, eine Versuchung zu Erklärungen, wie daß Agathe niemals die richtige Verbindung von Liebe und Geschlecht kennen gelernt habe. Wie bei den meisten Menschen hatte sich die ganze Kraft des Geschlechtlichen zuerst mit einem Fünkchen von Neigung zusammengefunden, als sie den damals noch nicht unsympathischen Hagauer heiratete. Statt mit einem Menschen, fast nur in der Gesellschaft /Begleitung/ eines Menschen in einen Sturm zu geraten, der fast so unpersönlich ist wie die Elemente, und dann erst als eine noch namenlose Überraschung zu bemerken, daß die Beine dieses Menschen nicht so gekleidet sind wie die eigenen, daß die Seele lockt, das Versteck zu wechseln . . .

Aber auch solche Gedanken waren wie Gesang in einer falschen Tonart. Ulrich ließ diese Art Verstehen vor sich selbst nicht gelten. Einen geliebten Menschen verstehn, darf kein Nachspionieren, sondern muß ein Schenken aus einer Überfülle glückhafter Eingebungen sein. Man darf nur das erkennen, was bereichert. Man schenkt Eigenschaften in der untrüglichen Sicherheit einer vorherbestimmten Übereinstimmung, einer niemals vorhanden gewesenen Trennung.———

Besonders, wenn die ethische Großmut dadurch gereizt wird. Nicht Sehen oder Nichtsehen der Schwächen, sondern die große Bewegung, in der sie bedeutungslos schweben.

12.

Eine uralte Säule — umgestürzt in der Zeit Venedigs, Griechenlands oder Roms — lag zwischen Steinen und Ginster; jede Rille des Schafts und Ka-

pitäls vom strahlenspitzen Stichel des Mittagsschattens vertieft. Bei ihr zu liegen, gehörte zu den großen Liebesstunden.

Vier Augen sahen hin. Nichts als Mittag, Säule, vier Augen. Wenn der Blick zweier Augen *ein* Bild sieht, *eine* Welt: warum nicht der von vier?

Wenn zwei Augenpaare lang ineinanderblicken, kommt über die Blicke ein Mensch zum andren herüber, und es bleibt nur ein Gefühl, das keine Körper mehr hat.

Wenn zwei Augenpaare in einer geheimnisvollen Stunde ein Ding anblicken und sich in ihm vereinigen — jedes Ding schwebt tief unten in einem Gefühl, und die Dinge stehn nur so fest, wie sie es tun, wenn dieser Boden hart ist — beginnt die starre Welt, sich leise und unaufhörlich zu bewegen. Sie hebt und senkt sich unruhig mit dem Blut. Die Zwillingsgeschwister sahen einander an. In dem vollen Licht war nicht zu bemerken, ob sie noch atmeten oder wie Steine seit tausend Jahren dalagen. Ob die Steinsäule da lag oder sich im Licht lautlos aufgerichtet hatte und schwebte?

Es besteht ein bedeutsamer Unterschied in der Art, wie man Menschen und wie man Dinge betrachtet. Jedesmal wenn sie danach im Hotel jemand ansahen: Das Mienenspiel eines Menschen, mit dem man spricht, wird unsagbar befremdend, wenn man es als einen Vorgang in der Außenwelt betrachtet und nicht als einen fortlaufenden Signalaustausch zweier Seelen; von den Dingen sind wir gewohnt, daß sie schweigend daliegen, und halten es für eine beängstigende Vision, wenn sie ein bewegteres Verhältnis zu uns gewinnen. Aber es sind nur wir selbst, die sie so betrachten, daß die kleinen Veränderungen ihrer Physiognomie von keinen Veränderungen unsres Gefühls beantwortet werden, und um dies zu ändern, ist im Grunde nicht mehr nötig, als daß wir die Welt nicht intellektuell betrachten, sondern daß statt unsren sinnlichen Maßwerkzeugen unsre moralischen Gefühle von ihr erregt werden. In solchen Augenblicken wird die Erregung, in der uns ein Anblick bereichert und beschenkt, dann so stark, daß nichts wirklich zu sein scheint als ein schwebender Zustand, der sich jenseits der Augen zu Dingen, diesseits zu Gedanken und Gefühlen verdichtete, ohne daß diese zwei Seiten von einander zu trennen waren. Was die Seele beschenkt, trat hervor; was die Kraft dazu verliert, löste sich vor den Augen auf.

In dieser flimmernden Stille zwischen den Steinen lag ein panischer Schreck. Die Welt schien nur die Außenseite eines bestimmten inneren Verhaltens zu sein und mit diesem gewechselt werden zu können. Aber Welt und Ich waren nicht fest; in eine weiche Tiefe gesenkte Gerüste; aus einer Ungestalt sich gegenseitig heraushelfend. Agathe sagte leise zu Ulrich: „Bist du du selbst oder bist du es nicht? Ich weiß nichts davon. Ich bin dessen unkundig und ich bin meiner unkundig."

Es war der Schreck: Die Welt hing von ihr ab, und sie wußte nicht, wer sie war.

Ulrich schwieg.

Agathe fuhr fort: „Ich bin verliebt, aber ich weiß nicht, in wen. Ich bin weder treu, noch ungetreu. Was bin ich doch? Ich habe das Herz von Liebe voll und von Liebe leer zugleich . . . " Sie flüsterte. Ein mittagsstiller Schreck schien ihr Herz umklammert zu halten.

13.

Immer wieder war die große Probe das Meer. Immer wieder, wenn sie den schmalen Hang mit den vielen Wegen, mit dem vielen Lorbeer, dem Ginster, den Feigen und den vielen Bienen hinangestiegen waren und oben auf die gewaltige hoch gebreitete Fläche hinaustraten, war es, wie wenn nach dem Stimmen eines Orchesters der erste große Ton einsetzt. Wie müßte man sein, um das dauernd ertragen zu können? Ulrich schlug vor, daß sie sich hier ein Zelt errichten wollten. Aber er meinte es nicht ernst; er hätte sich davor gefürchtet. Es waren keine Gegner mehr da, man war allein hier oben; der Abstoß, welchen man empfängt, solange man den Forderungen der Menschen und der eignen Gewissensgewohnheit widersprechen muß, war verbraucht, es ging in den letzten Kampf um die Entscheidung. Das Meer war wie eine unerbittliche Geliebte und Nebenbuhlerin; jede Minute war eine vernichtende Gewissenserforschung. Vor dieser Weite, die jeden Widerstand einzog, fürchteten sie, ohnmächtig zusammenzubrechen.

Dieses ungeheuer Gedehnte war nicht zu ertragen, ohne daß es etwas langweilig wurde. Diese Verantwortlichkeit für jede kleinste Bewegung war

— sie mußten es sich eingestehn — etwas leer, wenn man damit die Heiterkeit der Stunden verglich, wo sie keine solchen Ansprüche an sich stellten, und die Körper mit der Seele spielten, wie schöne junge Tiere mit einer hin- und hergerollten Kugel.

Eines Tags sagte Ulrich: „Es ist weit und pastoral; es hat etwas von einem Pastor!" — Sie lachten. — Dann erschraken sie über den Hohn, den sie sich selbst zugefügt hatten.

Das Hotel hatte einen kleinen Glockenturm; in der Mitte des Dachs. Um ein Uhr läutete diese Glocke Mittag. Da sie noch immer die fast einzigen Gäste waren, mußten sie nicht gleich folgen, aber der Koch zeigte an, daß er fertig sei. Und die hellen Töne schnitten in die Stille wie ein scharfes Messer eine Haut berührt, welche vorher geschaudert hat, aber sich in diesem Augenblick beruhigt. „Wie schön", sagte Ulrich, als sie an einem dieser Tage hinabstiegen, „ist es eigentlich, wenn einen die Notwendigkeit treibt. So wie man von hinten mit einem Stäbchen die Gänse treibt oder von vorn die Hühner mit Futter lockt. Und nicht alles durch ein Geheimnis geschieht — —" Die weißblaue, zitternde Luft schauderte wirklich wie eine Gänsehaut, wenn man lang in sie hineinstarrte. Erinnerungen begannen damals in auffallender Weise Ulrich zu quälen; er sah plötzlich jede Statue und jede architektonische Einzelheit irgend einer daran überreichen Stadt vor sich, die er vor Jahren besucht hatte; Nürnberg stand vor ihm und Amiens, obgleich sie ihn niemals gefesselt hatten; irgend ein großes rotes Buch, das er vor Jahren in einer Auslage gesehen haben mußte, ging vor seinen Augen nicht weg; ein schmaler gebräunter Knabe, vielleicht nur der von seiner Phantasie erfundene Gegensatz zu Agathe, aber so, als ob er ihm einmal wirklich begegnet wäre, aber er wußte nicht, wo, — beschäftigte seine Vorstellungen; Gedanken, die ihm irgendwann einmal eingefallen und längst vergessen waren: Lautloses, Lichtarmes, mit Recht Vergessenes wirbelte im Süden der Stille empor und ergriff Besitz von der verlassenen Weite.

Die aller Schönheit von Anfang an beigemengt gewesene Ungeduld begann in Ulrich zu rasen.

Er konnte vor einem Stein sitzen, weltvergessen, in Anschaun versunken, und von dieser rasenden Ungeduld gepeinigt werden. Er war bis zum Ende gekommen, hatte alles in sich aufgenommen und lief Gefahr, daß er, ganz allein, laut zu sprechen begann, um sich nochmals alles vorzuerzählen. „Ja, man sitzt da", sagten seine Gedanken, „und man könnte sich nur nochmals vorerzählen, was man sieht." Die Steine sind ja von einem ganz eigentümlichen Steingrün, und ihr Spiegelbild im Wasser spiegelt . . . Ganz richtig. Ganz, wie man es sagt. Und die Steine haben Formen wie Karton . . . Aber das nützt alles nichts, und ich möchte weggehn. So schön ist es!

Und er erinnerte sich: zuhause, manchmal nach Jahren erst, und manchmal nur durch einen Zufall, wenn man gar nicht mehr weiß, wie alles war, fällt plötzlich von hinten, von solchem Gewesenen ein Licht her, und das Herz tut alles wie im Traum. Er sehnte sich nach Vergangenheit.

„Es ist ja ganz einfach", sagte er zu Agathe, „und alle Leute wissen es, bloß wir nicht: Die Phantasie wird nur von dem erregt, was man noch nicht oder nicht mehr besitzt; der Leib will haben, aber die Seele will nicht haben. Ich begreife jetzt die ungeheuren Anstrengungen, welche die Menschen zu diesem Zweck machen. Wie dumm, wenn dieser Kerl, der Kunstreisende, diese Blume mit einem Edelstein und diesen Stein da mit einer Blume vergleicht: wenn es nicht die Klugheit wäre, sie für einen kurzen Augenblick in etwas anderes zu verwandeln. Und wie dumm wären all unsre Ideale, da doch jedes, wenn man es ernst nimmt, einem andren widerspricht; du sollst nicht töten, also zugrundegehn? Du sollst nicht begehren deines Nächsten Gut, also in Armut leben?; wenn ihr Sinn nicht gerade im Undurchführbaren läge, wodurch sie die Seele entzünden! Und wie gut ist es für die Religion, daß man Gott weder sehen, noch begreifen kann! Aber welche Welt?! Ein kalter dunkler Streif zwischen den zwei Feuern des Nochnicht und Nichtmehr!"

„Eine Welt, um sich zu fürchten", sagte Agathe, „du hast recht." Sie sagte es ganz ernst, und in ihren Augen war wirklich Bitterkeit.

„Und wenn es so ist!" lachte Ulrich. „Zum erstenmal in meinem Leben fällt mir ein, daß wir uns furchtbar vor Schwindel fürchten müßten, wenn uns der Himmel nicht einen Abschluß der Welt vortäuschen würde, den es nicht gibt. Offenbar ist al-les Absolute, Hundertgrädige, Wahre völlige Widernatur."

„Auch zwischen zwei Menschen, du meinst zwischen uns?"

„Ich habe jetzt so gut begriffen, was Phantasten sind: Speisen ohne Salz sind unerträglich, aber Salz ohne Speisen ist ein Gift; Phantasten sind Menschen, die von Salz allein leben wollen. Ist das richtig?"

Agathe zuckte die Achseln.

„Sieh unser Stubenmädchen, ein lustiges, dummes Ding, das nach Hausseife riecht. Ich sah ihr unlängst eine Weile zu, wie sie die Zimmer machte: sie kam mir so hübsch wie ein frischgewaschener Himmel vor."

Es beruhigte Ulrich, das zu bekennen, und über Agathes Mund kroch ein kleiner Wurm des Ekels. Ulrich wiederholte es, er wollte nicht mit dem großen Ton der dunklen Glocke diese kleine Disharmonie überdecken. „Es ist doch eine Disharmonie, nicht?! Und jede List ist der Seele recht, um sich fruchtbar zu halten. Sie stirbt mehrmals hintereinander vor Liebe. Aber —" und da sagte er nun etwas, von dem er glaubte, daß es ein Trost, ja daß es eine neue Liebe wäre: „— Wenn alles so traurig und eine Täuschung ist, und man kann an nichts mehr glauben: brauchen wir da einander nicht erst recht? Das Lied vom Schwesterlein", lächelte er, „eine stille nachdenkliche Musik, die nichts übertönt; eine Begleitmusik; eine Liebe der Lieblosigkeit, die leise die Hände reicht . . . ?"

Die Zeit ist der größte Zyniker. Brouillon 175.

Hier Sexualität und Kameraderie!

Eine kühle, stille, graue Anerotik?

Agathe schwieg. Es war etwas ausgelöscht. Sie war zu innerst müde. Ihr Herz war ihr mit einem Griff genommen, und eine unerträgliche Angst vor einer Leere in ihrem Innern, vor ihrer Unwürdigkeit und Rückverwandlung quälte sie. So ist den Verzückten zumute, wenn Gott von ihnen weicht und ihren eifernden Rufen nichts mehr antwortet.

14.

Der Kunstreisende, wie sie ihn nannten, war ein Dozent, der aus italienischen Städten kam, mit der Schmetterlingsnetzhaut und dem Botanisiertrommelgeist des strebenden Kunsthistorikers. Er hatte hier Station gemacht, um sich vor der Rückkehr einige Tage zu erholen und sein Material zu ordnen. Da sie die einzigen Gäste waren, stellte er sich schon am ersten Tag den Geschwistern vor, man sprach nach den Mahlzeiten, oder wenn man sich in der Nähe des Hauses traf, ein wenig miteinander, und es war nicht zu leugnen, daß dieser Mann, obgleich Ulrich über ihn lachte, in gewissen Augenblicken eine willkommene Entspannung vermittelte.

Er war sehr davon überzeugt, daß er als Mann und Gelehrter etwas bedeute, und machte Agathe von der ersten Begegnung an, nachdem er erfahren hatte, daß sich das Paar nicht auf einer Hochzeitsreise befände, mit großer Bestimmtheit den Hof. Er sagte ihr: Sie ähneln der schönen — auf dem Bilde von — und alle Frauen mit diesem Ausdruck, der sich im Stirnhaar und in den Kleiderfalten wiederholt, haben die Eigenschaft, daß ——: Agathe, als sie es Ulrich erzählen wollte, hatte schon die Namen vergessen, aber es war angenehm wie der feste Druck eines Masseurs, wenn ein fremder Mensch weiß, was man ist, während man sich eben noch so aufgelöst wußte, daß man sich kaum von dem Schweigen des Mittags unterscheiden konnte.

Dieser Kunstreisende sagte: Frauen sind dazu da, uns träumen zu machen; sie sind eine List der Natur zur Befruchtung des männlichen Geistes. Er schillerte wohlgefällig auf sein Paradoxon, welches den Sinn der Befruchtung umkehrte. Ulrich erwiderte: Es bestehen aber immerhin Unterschiede in der Art dieser Träume!

Dieser Mann behauptete, man müsse bei der Umarmung eines „wirklich großen Weibes" an die Schöpfung von Michel Angelo denken können. „Man zieht die Sixtinische Decke über sich und ist darunter nackt bis auf den Blaustrumpf", spottete Ulrich. Nein. Er gebe zu, daß die Durchführung Takt fordere, aber im Prinzip könnten das Menschen „doppelt so groß" als andere sein. „Schließlich ist es doch das Ziel allen ethischen Lebens, unsre Handlungen mit dem Höchsten zu vereinen, was wir in uns tragen!" Es war theoretisch gar nicht so leicht zu widerlegen, obgleich es praktisch lächerlich war.

„Ich habe gefunden", sagte der Kunsthistoriker, „daß es zwei Arten von Menschen gibt und im Lauf der Geschichte immer gegeben hat. Ich nenne sie die statischen und die dynamischen. Wenn Sie wollen, die Kaiserlichen und die Faustischen. Die Statiker können ein Glück als gegenwärtig empfinden. Sie sind irgendwie durch ein Gleichgewicht charakterisiert. Was sie getan haben, und was sie tun werden, greift durch das, was sie eben tun, ineinander über, ist harmonisiert und hat eine Gestalt wie ein Bild oder eine Melodie. Hat gewissermaßen eine zweite Dimension, leuchtet in jedem Augenblick als Fläche. Der Papst zum Beispiel, oder der Dalai Lama; es ist einfach undenkbar, daß sie etwas täten, was nicht in den Rahmen ihrer Bedeutung eingespannt wäre. Dagegen die Dynamischen: Die sich immer Losreißenden, vor und zurück bloß Blickenden, aus sich heraus Rollenden, die unempfindlichen Menschen mit Aufgaben, Unersättlichen, Drängenden, Glücklosen, — welche die Statiker immer wieder überwinden, um die Weltgeschichte in Gang zu halten, ———": mit einem Wort, er ließ durchblicken, daß er wohl beide in sich zu tragen vermöge.

„Sagen Sie", fragte Ulrich so, als ob er ganz ernst wäre, „sind die Dynamiker nicht auch die, welche in der Liebe nichts zu fühlen scheinen, weil sie entweder schon in der Phantasie geliebt haben oder erst das wieder Entglittene lieben werden? Man könnte doch auch das behaupten?"

„Ganz richtig!" sagte der Dozent.

„Sie sind unmoralisch und Träumer, diese Menschen, welche den rechten Punkt zwischen Zukunft und Vergangenheit niemals finden können."

Es wird ihnen zum Kotzen.

„Nun, das möchte ich doch nicht behaupten ——"

„Doch, doch. Sie können verrückt gute oder böse Taten begehn, weil ihnen das Gegenwärtige nichts bedeutet."

Eigentlich sollte er sagen, nach Brouillon 154: aus Ungeduld können sie verrückte Taten tun.

Darauf wußte der Kunstgelehrte nicht recht zu erwidern und fand, daß ihn Ulrich nicht verstand.

15.

Die Unruhe wuchs. Der Sommer stieg heiß an. Die Sonne loderte wie eine Feuersbrunst bis an den Rand der Erde. Die Elemente füllten das Dasein an, so daß für das Menschliche kaum noch ein geduldeter Platz blieb.

Es kam vor, daß die Geschwister gegen Abend, wenn die glühende Luft schon leichte, erkaltende Falten warf, auf den Steilufern wandelten. Gelbe Ginsterstauden sprangen von der Glut der Steine ab und standen unmittelbar vor der Seele; grau wie Eselsrücken, schleiriges Grün des Karstgrases darübergeworfen, die Berge; heißes Dunkelgrün des Lorbeers. Wenn der Blick lechzend auf ihm ruhte, sank er in immer kühlere Tiefen. Unzählige Bienen summten; es verschmolz zu einem tiefen metallischen Ton, der kleine Pfeile abschoß, wenn sie in jäher Wendung am Ohr vorbeikamen. Heroisch, ungeheuer die glatt gekantete, steil abbrechende, in drei Wellen hintereinander herkommende Linie der Berge.

„Heroisch?" fragte Ulrich. „Oder ist es nur das, was wir immer gehaßt haben, weil es für heroisch gelten soll?" Diese unzähligemale gemalte und gestochene, diese griechische, diese römische, diese nazarenische, klassizistische Landschaft, — diese tugendhafte, professorale, idealistische Landschaft? Und sie imponiert uns am Ende nur deshalb, weil wir ihr nun wirklich begegnet sind?! So wie man einen einflußreichen Mann verachtet und sich trotzdem geschmeichelt fühlt, weil man ihn kennt?

Aber die wenigen Dinge, denen hier der Raum gehörte, respektierten einander, sie hielten voneinander Distanz und überfüllten nicht die Natur mit Eindrücken wie in Deutschland. Es half kein Spotten; wie nur ganz hoch im Gebirge, wo das Irdische immer weniger wird, diese Landschaft nicht mehr die Umgebung menschlicher Wohnungen, sondern ein Stück Himmel, an dessen Falten noch einige Arten von Insekten hingen.

Und auf der andern Seite (dieser Demut) lag das Meer. Die große Geliebte, mit dem Pfauenrad geschmückt. Die Geliebte mit dem ovalen Spiegel. Das aufgeschlagene Auge der Geliebten. Die Gott gewordene Geliebte. Die unerbittliche Forderung. Noch schmerzte das Auge und mußte wegsehn, von den aus dem Meer zurückschmetternden Speeren des Lichts getroffen. Aber bald wird die Sonne tiefer stehn. Es wird nur ein umgrenzter See von flüssigem Silber und darin treibenden Veilchen bleiben. Und dann *muß* man hinaussehn aufs Meer!

Dann muß man es ansehn. Agathe und Ulrich fürchteten sich vor diesem Augenblick. Was kann man tun, um vor dieser ungeheuren, zuschauenden, aneifernden, eifersüchtigen Nebenbuhlerin bestehen zu bleiben? Wie soll man sich lieben? In die Knie sinken? Wie sie es anfangs getan hatten? Die Arme ausbreiten? Schrein? Kann man sich umarmen? Es ist so lächerlich, wie wenn man jemand zornig anschreien wollte, während nebenan alle Glocken eines Münsters läuten! Die fürchterliche Leere schloß sie wieder von allen Seiten ein.

Das endet also so, wie es anfängt!

Aber man kann auf den andern in solchem Augenblick schießen oder ihn niederstechen, da sein Todesschrei erstickt wird.

Ulrich schüttelte den Kopf. „Man muß etwas beschränkt sein, um die Natur schön zu finden. So einer sein, wie der da unten, der lieber selbst spricht, statt einem zuzuhören, der ihm überlegen ist. Man muß sich durch sie an Schulaufsätze und schlechte Gedichte erinnert fühlen und imstande sein, sie im Augenblick des Sehens in einen Öldruck zu verwandeln. Sonst bricht man zusammen. Man muß dümmer sein als sie, um ihr standzuhalten, und muß schwätzen, damit man nicht die Sprache verliert."

Zum Glück hielt ihre Haut der Hitze nicht stand. Schweiß brach aus. Eine Ablenkung war geschaffen und eine Entschuldigung; sie fühlten sich ihrer Aufgabe enthoben.

Aber während sie dem Haus zu gingen, merkte Agathe, daß sie sich darüber freute, unten vor dem Hotel ganz gewiß den fremden Reisenden anzutreffen. Ulrich hatte gewiß recht, aber es lag ein großer Trost in der schnatternden, eng angedrängten Gesellschaft dieses Menschen.

Idee: sich zu entschulden, indem sie mit diesem gewöhnlichen . . . , der es will.

16.

Fürchterliche Augenblicke kamen nachmittags im Zimmer. Zwischen der hinausgespreizten, rotgestreiften Markise und dem Steingeländer des Balkons lag ein handbreites blau brennendes Band. Die glatte Wärme, die hart gedämpfte Helligkeit hatten alles, was nicht fest ist, aus dem Zimmer

79

verdrängt. Ulrich und Agathe hatten nichts zum Lesen mitgenommen; so war ihr Plan gewesen; sie hatten alles, was Gedanke, Normalzustand — und sei es noch so scharfsinniger —, Verknüpfung mit der gewöhnlichen menschlichen Art des Lebens ist, zurückgelassen: nun lagen ihre Seelen da wie zwei hartgebrannte Ziegelsteine, aus denen jeder Tropfen Wasser entwichen ist. Dieses kontemplative Naturdasein hatte sie in eine unerwartete Abhängigkeit von den primitivsten Elementen versetzt.

Endlich kam ein Regentag. Der Wind peitschte. Die Zeit wurde in einer kühlen Weise lang. Sie richteten sich auf wie Pflanzen. Sie küßten sich. Die Worte, die sie sich sagten, erquickten sie. Sie waren wieder glücklich. Es ist nur Gewohnheit, in jedem Augenblick stets schon auf den nächsten zu warten; stau dies, und die Zeit tritt aus wie ein See. Die Stunden fließen zwar, aber sie sind breiter als lang. Es wird Abend, aber es ist keine Zeit vergangen.

Indes folgte ein zweiter Regentag; ein dritter. Was geschienen hatte, neue Steigerung zu sein, glitt als Ende abwärts. Die kleinste Hilfe, der Glaube, daß dieses Wetter eine persönliche Fügung sei, ein ungewöhnliches Schicksal, und das Zimmer ist voll seltsamen Wasserlichts oder wie aus einem Würfel dunklen Silbers ausgehöhlt. Aber wenn keine Hilfe kommt: wovon kann man sprechen? Man kann noch lächeln, aus weiter Trennung einander zu, — sich umarmen — sich bis zur todähnlichen Müdigkeit schwächen, welche die Erschöpften wie eine endlose Ebene trennt; man kann hinüber sagen: ich liebe dich; oder: Du bist schön; oder: ich möchte lieber mit Dir sterben, als ohne Dich leben; oder: welches Wunder, daß Du und ich, zwei so getrennte Wesen, aneinander geweht worden sind. Und man kann vor Nervosität weinen, wenn ganz leis die Langweile das abzunagen beginnt ...

Fürchterliche Gewalt der Wiederholung, fürchterliche Gottheit! Anziehung der Leere, die wie der Trichter eines Wirbels immer tiefer hineinzieht, dessen Wände ausweichen. Küsse mich, und ich beiße leicht und immer härter und immer wilder, immer trunkener, blutgieriger, auf den Schrei um Schonung lauschender in deine Lippen, die Schlucht des Schmerzes hinabkletternd, bis wir zum Schluß in der senkrechten Wand hängen und uns vor uns selbst fürchten. Da kommen die tiefen Stöße des Atems zu Hilfe, der den Körper zu verlassen droht, der Glanz im Auge bricht, der Blick rollt nach den Seiten, der Gesichtsausdruck des Sterbens beginnt. Tausendfältiges Entzücken aneinander und Staunen wirbelt in der Verzückung. Auf wenige Minuten konzentrierter Flug durch Seligkeit und Tod, endend, erneut, die Körper schwingen wie heulende Glocken. Aber am Schluß weiß man doch: es war nur tiefer Sündenfall in eine Welt, in der es auf hundert Stufen der Wiederholung schwebend abwärts geht. Agathe stöhnte: „Du wirst mich verlassen!" „Nein! Süße! Verschworene!" Ulrich suchte Worte der Begeisterung! „Nein", wehrte Agathe leise ab. „Ich vermag nichts mehr dabei zu fühlen ... !" Da es nun ausgesprochen war, wurde Ulrich kalt und er gab die Mühe auf.

Es endet in Kot und Erbrechen wie das erste Mal!

„Wenn wir an Gott geglaubt hätten", fuhr Agathe fort, „würden wir die Reden der Berge und Blumen verstanden haben."

„Du denkst an Lindner?" forschte Ulrich, sofort eifersüchtig.

„Nein. Ich habe an den Kunsthistoriker gedacht. Sein Faden reißt niemals ab." Agathe lächelte müde und schmerzlich. Sie lag am Bett, Ulrich hatte die Tür zum Balkon aufgerissen, der Wind schleuderte Wasser herein. „Es ist egal", sagte er rauh. „Denk an wen du willst. Wir müssen uns nach einem Dritten umsehn. Der uns zuschaut, beneidet oder Vorwürfe macht." Er blieb vor ihr stehn und sagte langsam: „Zwischen zwei einzelnen Menschen gibt es keine Liebe!" Agathe richtete sich auf einem Ellbogen auf und lag da, mit großen Augen, als ob sie den Tod erwartete. „Wir sind einem Impuls gegen die Ordnung gefolgt", wiederholte Ulrich. „Eine Liebe kann aus Trotz erwachsen, aber sie kann nicht aus Trotz bestehn. Sondern, sie kann nur eingefügt in eine Gesellschaft bestehn. Sie ist kein Lebensinhalt. Sondern eine Verneinung, eine Ausnahme von den Lebensinhalten. Aber eine Ausnahme braucht etwas, wovon sie Ausnahme ist. Von einer Negation allein kann man nicht leben." „Schließ die Tür", bat Agathe. Dann stand sie auf und ordnete ihr Kleid. „Wir wollen also abreisen?"

Ulrich zuckte die Achseln. Es ist ja alles vorbei.

„Erinnerst du dich nicht mehr, unter welcher Bedingung wir hergekommen sind?"

Ulrich antwortete beschämt: „Wir wollten den Eingang ins Paradies finden!"

„Und uns töten", sagte Agathe, „wenn es uns nicht gelingt!"

Ulrich sah sie ruhig an. „Willst du denn?"

Agathe hätte vielleicht ja sagen können. Sie wußte nicht, aus welchem Grund es ihr aufrichtiger erschien, langsam den Kopf zu schütteln und nein zu sagen. —

„Diesen Entschluß haben wir auch verloren", stellte Ulrich fest.

Sie stand verzweifelt auf. Sprach, mit den Händen an den Schläfen auf die eigenen Worte horchend: „Ich wartete . . . Ich war fast schon überreif und lächerlich . . . Weil ich trotz meines Lebens noch immer wartete. Ich konnte es nicht benennen und nicht beschreiben. Es war wie eine Melodie ohne Töne, ein Bild ohne Form. Ich wußte, es wird eines Tags von außen auf mich zukommen und wird das sein, was mich lieb hat, und mit dem es kein Übel mehr für mich geben wird, weder im Leben, noch im Tode . . ."

Ulrich, der sich ihr jäh zugewendet hatte, fiel parodierend ein, mit einer Gehässigkeit, durch die er sich selbst quälte: „Es ist eine Sehnsucht, ein Fehlendes: die Form ist da, nur die Materie fehlt. Dann kommt ein Bankbeamter oder ein Professor, und dieses Tierchen füllt langsam die Leere aus, die wie ein Abendhimmel gespannt war.

Meine Liebe, alle Bewegung im Leben kommt vom Bösen und Rohen; das Gute schläft ein. Ist ein Tropfen eines Duftes; aber jede Stunde ist das gleiche Loch und gähnende Kind des Todes, das mit schwerem Schotter ausgefüllt werden muß. Du hast vorhin gesagt: wenn wir an Gott glauben könnten! Aber eine Patience tut es auch, ein Schachspiel, ein Buch. Das hat der Mensch heute herausgebracht, daß er sich damit ebensogut trösten kann. Es muß bloß etwas sein, wo sich Brett an Brett legt, um über die leere Tiefe hinwegzuführen."

„Aber lieben wir uns denn nicht mehr?!" rief Agathe aus.

Nun sprechen sie wieder so wie vorher. Es ist sehr hübsch.

„Man darf nicht übersehn", antwortete Ulrich, „wie sehr dieses Gefühl von der Umgebung abhängt.

Wie es seinen Inhalt davon erhält, daß man sich ein gemeinsames Leben vorstellt, das heißt, eine Linie zwischen den andern Menschen durch. Vom guten Gewissen, weil alle andern sich so freun, wie diese zwei sich lieben, oder auch vom bösen Gewissen . . .

Was haben wir denn erlebt? Wir dürfen uns nichts Falsches vormachen: Ich war doch kein Narr, als ich das Paradies suchen wollte. Ich konnte es bestimmen, wie man einen unsichtbaren Planeten aus bestimmten Wirkungen erschließt. Und was ist geschehn? Es hat sich in eine seelisch-optische Täuschung aufgelöst und in einen wiederholbaren physiologischen Mechanismus. Wie bei allen Menschen!"

„Es ist wahr", sagte Agathe, „wir haben die längste Zeit schon von dem gelebt, was du das Böse nennst; von der Unruhe, den kleinen Zerstreuungen, von Hunger und Sättigung des Körpers."

„Dennoch", antwortete Ulrich wie in einer überaus schmerzlichen Vision, „wenn es vergessen ist, wirst du wieder warten. Tage werden kommen, wo hinter vielen Türen jemand auf einer Trommel schlägt. Gedämpft und beharrlich; schlägt, schlägt. Tage, als ob du in einem Bordell auf das Knarren der Treppe warten würdest: wird es ein Feldwebel oder ein Bankbeamter sein. Den dir das Schicksal schickt. Um dein Leben in Bewegung zu halten. Und doch meine Schwester bleibst."

„Aber was soll denn aus uns werden?" Agathe sah nichts vor sich.

„Du mußt heiraten oder einen Geliebten —— das meinte ich vorhin."

„Aber sind wir denn nicht mehr *ein* Mensch??" fragte sie traurig.

„Auch der einige Mensch hat beides in sich."

„Aber wenn ich *dich* liebe?!" schrie Agathe auf.

„Wir müssen leben. Ohne einander — für einander. Willst du den Kunsthistoriker?" Ulrich sagte es mit der Kälte einer großen Anstrengung. Agathe wies es bloß mit der Schulter ab. „Ich danke dir", sagte Ulrich. Er versuchte ihre schlaffe Hand zu fassen und zu streicheln. „Ich bin ja auch noch nicht so — so fest überzeugt . . ."

Noch einmal beinahe die große Vereinigung. Aber es scheint Agathe, daß Ulrich nicht genug Mut hat.

81

Sie schwiegen eine Weile. Agathe schob Laden auf und zu und begann einzupacken. Der Sturm rüttelte an den Türen. Dann wandte sich Agathe um und fragte ruhig und verändert ihren Bruder:

„Aber kannst du dir vorstellen, daß wir morgen oder übermorgen zuhause ankommen, die Zimmer vorfinden so, wie wir sie verlassen haben, Besuche zu machen beginnen? . . ."

Ulrich bemerkte nicht, wie groß der Widerstand war, mit dem sich Agathe gegen diese Vorstellung sträubte. Er konnte sich alles das auch nicht denken. Aber er fühlte irgendeine neue Spannung, wenn es auch eine traurige Aufgabe war. Er gab in diesem Augenblick nicht genug auf Agathe acht.

Fortsetzung: Am Tag nach diesem unseligen Gespräch traf Clarisse ein.

INGEBORG BACHMANN
(1926—1973)

Identifikationsfigur, Märtyrerin, femme énigmatique — das Bild der Klagenfurter Dichterin ist vieldeutig, rätselhaft. Sie ist nur 47 Jahre alt geworden, und niemand vermag auszudenken, was sie an weiteren bedeutenden Werken geschrieben hätte, würde sie länger gelebt haben. Ihre Entwicklung führte sämtliche Einstufungsversuche durch die zeitgenössische Kritik ad absurdum; Ingeborg Bachmann war nie nur Lyrikerin, sondern hat die Literatur durch ihre Prosawerke und durch dramatische Formen, vor allem Hörspiele und Opernlibretti, um einen ganz neuen Ton, um eine neue Stimme reicher gemacht.

Sie wurde 1926 in Klagenfurt geboren; ihr Vater war Lehrer und stammte aus einer Gailtaler Bauernfamilie nahe Hermagor — in jener Landschaft spielt auch Bachmanns früher Roman „Das Honditschkreuz" —; die Mutter ist Niederösterreicherin. Die Familie Bachmann wohnte zuerst in der Klagenfurter Durchlaßstraße und später in einem Reihenhaus in der Henselstraße am Kreuzbergl; diesen waldigen Hügelzug hat die Dichterin in ihrer Erzählung „Drei Wege zum See" verewigt. Ingeborg Bachmann besuchte das Ursulinen-Gymnasium und maturierte im Jahre 1944. Das Studium der Philosophie beginnt sie in Innsbruck, setzt es in Graz fort, um dann endgültig nach Wien zu übersiedeln. Die österreichische Hauptstadt, die Metropole eines ehemaligen 50-Millionen-Staates, hat einen festen Platz in ihrem Werk, ist ein Topos für Welt, Gesellschaft und Kultur. Mit Klagenfurt verbinden sie eher Erinnerungen an eine nie mehr einholbare Kindheit, an eine Rilkesche Fremdheit in der Welt; deshalb ist das Prosawerk „Jugend in einer österreichischen Stadt" von einer herben Trauer durchzogen, die wenig mit den realen Verhältnissen zu tun haben will. Trotzdem ist Klagenfurt und Kärnten als periodisch wiederkehrender Ort in allen ihren Werken als unruhiger Untergrund des Lebens auffindbar. 1951 promoviert Ingeborg Bachmann an der Wiener Universität über das Thema „Die kritische Aufnahme der Existentialphilosophie Martin Heideggers"; diese exakte, sehr an Ludwig Wittgen-

stein und dem Wiener Kreis orientierte Arbeit verrät den scharfdenkenden, intellektuellen Zug der Dichterin, wie er sich später in vielen Aufsätzen und Vorträgen äußert und sie auch dem Vorbild seit frühen Jahren, Robert Musil, so ähnlich macht. Ihre Tätigkeit beim Österreichischen Rundfunk in Wien gibt ihr Gelegenheit, literarische Werke zu bearbeiten, bringt sie mit Künstlern von Weltrang in Kontakt. Aus dieser Zeit stammt ihr Radio-Essay über Robert Musils 1952 neu aufgelegten „Mann ohne Eigenschaften" sowie die Bearbeitung der beiden Theaterstücke von Musil, „Vinzenz und die Freundin bedeutender Männer" und „Die Schwärmer"; in der rekonstruierten Bachmann-Bibliothek in der Klagenfurter Henselstraße befindet sich das Exemplar der „Schwärmer", das Ingeborg Bachmann für die Hörspielfassung verwendet hat. Daß sie von den Ideen und literarischen Konzepten Musils sehr viel in ihr Werk übernahm, ist der Forschung bekannt; die Übernahme von mystischen und lebensphilosophischen Entwürfen geht aber viel weiter, als sich das durch rein philologische Belege zeigen läßt. Vom „Guten Gott von Manhattan" an bis in die Zeit der Romane „Malina" und „Der Fall Franza" wird immer deutlicher, daß die Dichterin das Problem des 2. Bandes des „Mann ohne Eigenschaften" — das sie in ihrem Musil-Essay „Ins tausendjährige Reich" (in AKZENTE 1954) formulierte und das darin besteht, zu ergründen, ob die mystische Ekstase des „anderen Zustands" sich in dieser Welt realisieren lasse — in einer veränderten Zeit und vom Erleben der Frau her darstellt. Zentrum dieses Zusammenhanges ist Musils Gedicht „Isis und Osiris", welches den „Mann ohne Eigenschaften" in nucleo enthält und bei Ingeborg Bachmann in all seinen religiösen, mystischen und geschlechtlichen Dimensionen im Romanfragment „Der Fall Franza" wiederkehrt.

Ihren ersten Auftritt als Literatin hatte die Dichterin an den St. Veiter Kulturtagen. Bekannt wird sie durch eine Metapher, die ihrem ersten Gedichtband den Titel und dem Erleben der Nachkriegsgeneration den Ausdruck gab, den Ausdruck eines im tiefsten ungesicherten Lebens, nämlich durch den Gedichtband „Die gestundete Zeit" (1953). In den darauffolgenden Jahren erschienen der Gedichtband „Die Anrufung des großen Bären" (1956), die Hörspiele „Die Zikaden" (1955) und „Der Gute Gott von Manhattan" (1958). Sie wird Angehörige der „Gruppe

47" und publiziert in Hans Magnus Enzensbergers *„Kursbuch".* Seit den fünfziger Jahren lebt Ingeborg Bachmann vorwiegend in Rom. 1961 erscheint der Prosaband *„Das dreißigste Jahr",* 1964 präsentiert eine Ausgabe der *„Gedichte, Erzählungen, Hörspiel, Essays"* des Piper-Verlages einen Querschnitt ihres Schaffens. Joachim Kaiser schrieb damals zurecht, daß Ingeborg Bachmann ins Bewußtsein der Leser trat zu dem Zeitpunkt, *„als die westdeutsche Nachkriegsliteratur in der Gefahr schwebte, an kargem Trümmer-Realismus zu scheitern, das Poetische zu verlieren".* Der Georg-Büchner-Preis 1965 zeichnete die noch nicht ganz Vierzigjährige aus. Neben Erzählungen, die 1972 in dem Band *„Simultan"* erschienen, arbeitete Bachmann an dem Romanzyklus *„Todesarten",* dessen erster Band *„Malina"* 1971 herauskam; es entstanden die heute aus dem Nachlaß edierten Romanfragmente *„Der Fall Franza"* und *„Requiem für Fanny Goldmann".* Dieses Romanschaffen stellt nicht nur eine eigene neue Epoche innerhalb der Entwicklung der Dichterin dar, sondern auch innerhalb der Literatur der zweiten Jahrhunderthälfte; es ist in ihrem Werk geglückt, den Bogen von der hohen, mystisch-intellektuellen Literatur eines Franz Kafka, Robert Musil, Hermann Broch herüberzuspannen in die Zeit eines Günther Grass und Heinrich Böll. Die Synthese der intellektuell-mystischen Literatur und der sozialkritischen Dichtung der 50er und 60er Jahre erhält in Bachmanns Werken Gestalt. 1973 starb Ingeborg Bachmann in Rom völlig unerwartet nach einem Brandunfall. Sie wurde am Friedhof Annabichl in Klagenfurt begraben.

Ingeborg Bachmann

Tage in Weiß

In diesen Tagen steh ich auf mit den Birken
und kämm mir das Weizenhaar aus der Stirn
vor einem Spiegel aus Eis.

Mit meinem Atem vermengt,
flockt die Milch.
So früh schäumt sie leicht.
Und wo ich die Scheibe behauch, erscheint,
von einem kindlichen Finger gemalt,
wieder dein Name: Unschuld!
Nach so langer Zeit.

In diesen Tagen schmerzt mich nicht,
daß ich vergessen kann
und mich erinnern muß.

Ich liebe. Bis zur Weißglut
lieb ich und danke mit englischen Grüßen.
Ich hab sie im Fluge erlernt.

In diesen Tagen denk ich des Albatros',
mit dem ich mich auf-
und herüberschwang
in ein unbeschriebenes Land.

Am Horizont ahne ich,
glanzvoll im Untergang,
meinen fabelhaften Kontinent
dort drüben, der mich entließ
im Totenhemd.

Ich lebe und höre von fern seinen Schwanengesang!

Ingeborg Bachmann

Alle Tage

Der Krieg wird nicht mehr erklärt,
sondern fortgesetzt. Das Unerhörte
ist alltäglich geworden. Der Held
bleibt den Kämpfen fern. Der Schwache
ist in die Feuerzonen gerückt.
Die Uniform des Tages ist die Geduld,
die Auszeichnung der armselige Stern
der Hoffnung über dem Herzen.

Er wird verliehen,
wenn nichts mehr geschieht,
wenn das Trommelfeuer verstummt,
wenn der Feind unsichtbar geworden ist
und der Schatten ewiger Rüstung
den Himmel bedeckt.

Er wird verliehen
für die Flucht von den Fahnen,
für die Tapferkeit vor dem Freund,
für den Verrat unwürdiger Geheimnisse
und die Nichtachtung
jeglichen Befehls.

Ingeborg Bachmann

Keine Delikatessen

Nichts mehr gefällt mir.

Soll ich
eine Metapher ausstaffieren
mit einer Mandelblüte?
die Syntax kreuzigen
auf einen Lichteffekt?
Wer wird sich den Schädel zerbrechen
über so überflüssige Dinge —

Ich habe ein Einsehn gelernt
mit den Worten,
die da sind
(für die unterste Klasse)

Hunger
     Schande
          Tränen
und
              Finsternis.

Mit dem ungereinigten Schluchzen,
mit der Verzweiflung
(und ich verzweifle noch vor Verzweiflung)
über das viele Elend,
den Krankenstand, die Lebenskosten,
werde ich auskommen.

Ich vernachlässige nicht die Schrift,
sondern mich.
Die andern wissen sich
weißgott
mit den Worten zu helfen.
Ich bin nicht mein Assistent.

Soll ich
einen Gedanken gefangennehmen,
abführen in eine erleuchtete Satzzelle?
Aug und Ohr verköstigen
mit Worthappen erster Güte?
erforschen die Libido eines Vokals,
ermitteln die Liebhaberwerte unserer Konsonanten?

Muß ich
mit dem verhagelten Kopf,
mit dem Schreibkrampf in dieser Hand,
unter dreihundertnächtigem Druck
einreißen das Papier,
wegfegen die angezettelten Wortopern,
vernichtend so: ich du und er sie es

wir ihr?

(Soll doch. Sollen die andern.)

Mein Teil, es soll verloren gehen.

Ingeborg Bachmann

Jugend in einer österreichischen Stadt

An schönen Oktobertagen kann man, von der Radetzkystraße kommend, neben dem Stadttheater eine Baumgruppe in der Sonne sehen. Der erste Baum, der vor jenen dunkelroten Kirschbäumen steht, die keine Früchte bringen, ist so entflammt vom Herbst, ein so unmäßiger goldner Fleck, daß er aussieht, als wäre er eine Fackel, die ein Engel fallen gelassen hat. Und nun brennt er, und Herbstwind und Frost können ihn nicht zum Erlöschen bringen.

Wer möchte drum zu mir reden von Blätterfall und vom weißen Tod, angesichts dieses Baums, wer mich hindern, ihn mit Augen zu halten und zu glauben, daß er mir immer leuchten wird wie in dieser Stunde und daß das Gesetz der Welt nicht auf ihm liegt?

In seinem Licht ist jetzt auch die Stadt wieder zu erkennen, mit blassen genesenden Häusern unter dunklen Ziegelschöpfen, und der Kanal, der vom See hin und wieder ein Boot hineinträgt, das in ihrem Herzen anlegt. Wohl ist der Hafen tot, seit die Frachten schneller von Zügen und auf Lastwagen in die Stadt gebracht werden, aber von dem hohen Kai fallen noch Blüten und Obst hinunter aufs vertümpelte Wasser, der Schnee stürzt ab von den Ästen, das Tauwasser läuft lärmend hinunter, und dann schwillt er gern noch einmal an und hebt eine Welle und mit der Welle ein Schiff, dessen buntes Segel bei unserer Ankunft gesetzt wurde.

In diese Stadt ist man selten aus einer anderen Stadt gezogen, weil ihre Verlockungen zu gering waren; man ist aus den Dörfern gekommen, weil die Höfe zu klein wurden, und hat am Stadtrand eine Unterkunft gesucht, wo sie am billigsten war. Dort waren auch noch Felder und Schottergruben, die großen Gärtnereien und die Bauplätze, auf denen jahrelang Rüben, Kraut und Bohnen, das Brot der ärmsten Siedler, geerntet wurden. Diese Siedler hoben ihre Keller selbst aus. Sie standen im Grundwasser. Sie zimmerten ihre Dachbalken selbst an den kurzen Abenden zwischen Frühling und Herbst und weiß Gott, ob sie ein Richtfest gesehen haben vor ihrem Absterben.

Ihren Kindern kam es darauf nicht an, denn die wurden schon eingeweiht in die unbeständigen Gerüche der Ferne, wenn die Kartoffelfeuer brannten und die Zigeuner sich, flüchtig und fremdsprachig, niederließen im Niemandsland zwischen Friedhof und Flugplatz.

In dem Mietshaus in der Durchlaßstraße müssen die Kinder die Schuhe ausziehen und in Strümpfen spielen, weil sie über dem Hausherrn wohnen. Sie dürfen nur flüstern und werden sich das Flüstern nicht mehr abgewöhnen in diesem Leben. In der Schule sagen die Lehrer zu ihnen: Schlagen sollte man euch, bis ihr den Mund auftut. Schlagen . . . Zwischen dem Vorwurf, zu laut zu sein, und dem Vorwurf, zu leise zu sein, richten sie sich schweigend ein.

Die Durchlaßstraße hat ihren Namen nicht von dem Spiel, in dem die Räuber durchmarschieren, aber die Kinder dachten lange, das wäre so. Erst später, als die Beine sie weiter trugen, haben sie den Durchlaß gesehen, die kleine Unterführung, über der der Zug nach Wien fährt. Hier mußten die Neugierigen hindurch, die zum Flugfeld wollten, über die Felder, quer durch die Herbststickereien. Jemand ist auf die Idee gekommen, den Flugplatz neben den Friedhof zu legen, und die Leute in K. meinten, es sei günstig für die Beerdigung der Piloten, die eine Zeitlang Übungsflüge machten. Die Piloten taten niemand den Gefallen, abzustürzen. Die Kinder brüllten immer: Ein Flieger! Ein Flieger! Sie hoben ihnen die Arme entgegen, als wollten sie sie einfangen, und starrten in den Wolkenzoo, in dem sich die Flieger zwischen Tierköpfen und Larven bewegten.

Die Kinder lösen von den Schokoladetafeln das Silberpapier und flöten darauf ,Das Maria Saaler G'läut'. Die Kinder lassen sich in der Schule von einer Ärztin den Kopf nach Läusen absuchen. Die Kinder wissen nicht, wieviel es geschlagen hat, denn die Uhr auf der Stadtpfarrkirche ist stehengeblieben. Sie kommen immer zu spät von der Schule heim. Die Kinder! (Sie wissen zur Not, wie sie heißen, aber sie horchen nur auf, wenn man sie ,Kinder' ruft.)

Aufgaben: Unter- und Oberlängen, steilschriftig, Übungen im Horizontgewinn und Traumverlust, auswendig Gelerntes auf Gedächtnisstützen. In der Ausdünstung von Ölböden, von ein paar Hundert

Kinderleben, Zwergenmänteln, verbranntem Radiergummi, zwischen Tränen und Tadel, Eckenstehen, Knien und unstillbarem Schwätzen sind zu leisten: ein Alphabet und das Einmaleins, eine Rechtschreibung und zehn Gebote.

Die Kinder legen alte Worte ab und neue an. Sie hören vom Berg Sinai und sie sehen den Ulrichsberg mit seinen Rübenfeldern, Lärchen und Fichten, von Zeder und Dornbusch verwirrt, und sie essen Sauerampfer und nagen die Maiskolben ab, eh sie hart und reif werden, oder tragen sie nach Hause, um sie auf der Holzglut zu rösten. Die nackten Kolben verschwinden in der Holzkiste und werden zum Unterzünden verwendet, und Zeder und Ölbaum wurden nachgelegt, schwelten darauf, wärmten aus der Ferne und warfen Schatten auf die Wand.

Zeit der Trophäen, Zeit der Weihnachten, ohne Blick voraus, ohne Blick zurück, Zeit der Kürbisnächte, der Geister und Schrecken ohne Ende. Im Guten, im Bösen: hoffnungslos.

Die Kinder haben keine Zukunft. Sie fürchten sich vor der ganzen Welt. Sie machen sich kein Bild von ihr, nur von dem Hüben und Drüben, denn es läßt sich mit Kreidestrichen begrenzen. Sie hüpfen auf einem Bein in die Hölle und springen mit beiden Beinen in den Himmel.

Eines Tages ziehen die Kinder um in die Henselstraße. In ein Haus ohne Hausherr, in eine Siedlung, die unter Hypotheken zahm und engherzig ausgekrochen ist. Sie wohnen zwei Straßen weit von der Beethovenstraße, in der alle Häuser geräumig und zentralgeheizt sind, und eine Straße weit von der Radetzkystraße, durch die, elektrischrot und großmäulig, die Straßenbahn fährt. Sie sind Besitzer eines Gartens geworden, in dem vorne Rosen gepflanzt werden und hinten kleine Apfelbäume und Ribiselsträucher. Die Bäume sind nicht größer als sie selber, und sie sollen miteinander groß werden. Sie haben links eine Nachbarschaft mit Boxerhund und rechts Kinder, die Bananen essen, Reck und Ringe im Garten aufgemacht haben und schwingend den Tag verbringen. Sie freunden sich mit dem Hund Ali an und rivalisieren mit den Nachbarskindern, die alles besser können und besser wissen.

Noch lieber sind sie unter sich, nisten sich auf dem Dachboden ein und schreien manchmal laut im Versteck, um ihre verkrüppelten Stimmen auszuprobieren. Sie stoßen leise kleine Rebellenschreie vor Spinnennetzen aus.

Der Keller ist ihnen verleidet von Mäusen und vom Äpfelgeruch. Jeden Tag hinuntergehen, die faulen Bluter heraussuchen, ausschneiden und essen! Weil der Tag nie kommt, an dem alle faulen Äpfel gegessen sind, weil immer Äpfel nachfaulen und nichts weggeworfen werden darf, hungert sie nach einer fremden verbotenen Frucht. Sie mögen die Äpfel nicht, die Verwandten und die Sonntage, an denen sie auf dem Kreuzberg über dem Haus spazierengehen müssen, Blumen bestimmend, Vögel bestimmend.

Im Sommer blinzeln die Kinder durch grüne Läden in die Sonne, im Winter bauen sie einen Schneemann und stecken ihm Kohlenstücke an Augenstatt. Sie lernen Französisch. Madeleine est une petite fille. Elle est à la fenêtre. Elle regarde la rue. Sie spielen Klavier. Das Champagnerlied. Des Sommers letzte Rose. Frühlingsrauschen.

Sie buchstabieren nicht mehr. Sie lesen Zeitungen, aus denen der Lustmörder entspringt. Er wird zum Schatten, den die Bäume in der Dämmerung werfen, wenn man von der Religionsstunde heimkommt, und er ruft das Geräusch des bewegten Flieders längs der Vorgärten hervor; die Schneeballbüsche und der Phlox teilen sich und geben einen Augenblick lang seine Gestalt preis. Sie fühlen den Griff des Würgers, das Geheimnis, das sich im Wort Lust verbirgt und das mehr zu fürchten ist als der Mörder.

Die Kinder lesen sich die Augen wund. Sie sind übernächtig, weil sie abends zu lang im wilden Kurdistan waren oder bei den Goldgräbern in Alaska. Sie liegen auf der Lauer bei einem Liebesdialog und möchten ein Wörterbuch haben für die unverständliche Sprache. Sie zerbrechen sich den Kopf über ihre Körper und einen nächtlichen Streit im Elternzimmer. Sie lachen bei jeder Gelegenheit, sie können sich kaum halten und fallen von der Bank vor Lachen, stehen auf und lachen weiter, bis sie Krämpfe bekommen.

Der Lustmörder wird aber bald in einem Dorf gefunden, im Rosental, in einem Schuppen, mit Heu-

87

fransen und dem grauen Fotonebel im Gesicht, der ihn für immer unerkennbar macht, nicht nur in der Morgenzeitung.

Es ist kein Geld im Haus. Keine Münze fällt mehr ins Sparschwein. Vor Kindern spricht man nur in Andeutungen. Sie können nicht erraten, daß das Land im Begriff ist, sich zu verkaufen und den Himmel dazu, an dem alle ziehen, bis er zerreißt und ein schwarzes Loch freigibt.

Bei Tisch sitzen die Kinder still da, kauen lang an einem Bissen, während es im Radio gewittert und die Stimme des Nachrichtensprechers wie ein Kugelblitz in der Küche herumfährt und verendet, wo der Kochdeckel sich erschrocken über den zerplatzten Kartoffeln hebt. Die Lichtleitung wird unterbrochen. Auf den Straßen ziehen Kolonnen von Marschierenden. Die Fahnen schlagen über den Köpfen zusammen. „... bis alles in Scherben fällt ...", so wird gesungen draußen. Das Zeitzeichen ertönt, und die Kinder gehen dazu über, sich mit geübten Fingern stumme Nachrichten zu geben.

Die Kinder sind verliebt und wissen nicht in wen. Sie kauderwelschen, spintisieren sich in eine unbestimmbare Blässe, und wenn sie nicht mehr weiterwissen, erfinden sie eine Sprache, die sie toll macht. Mein Fisch. Meine Angel. Mein Fuchs. Meine Falle. Mein Feuer. Du mein Wasser. Du meine Welle. Meine Erdung. Du mein Wenn. Und du mein Aber. Entweder. Oder. Mein Alles ... mein Alles ... Sie stoßen einander, gehen mit Fäusten aufeinander los und balgen sich um ein Gegenwort, das es nicht gibt.

Es ist nichts. Diese Kinder!

Sie fiebern, sie erbrechen sich, haben Schüttelfrost, Angina, Keuchhusten, Masern, Scharlach, sie sind in der Krise, sind aufgegeben, sie hängen zwischen Tod und Leben, und eines Tages liegen sie fühllos und morsch da, mit neuen Gedanken über Alles. Man sagt ihnen, daß der Krieg ausgebrochen ist.

Noch einige Winter lang, bis die Bomben sein Eis hochjagen, kann man auf dem Teich unter dem Kreuzberg schlittschuhlaufen. Der feine Glasboden in der Mitte ist den Mädchen in den Glockenröcken vorbehalten, die Innenbogen, Außenbogen und Achter fahren; der Streifen rundherum gehört den Schnelläufern. In der Wärmestube ziehen die größeren Burschen den größeren Mädchen die Schlittschuhe an und berühren mit den Ohrenschützern das schwanenhalsige Leder über mageren Beinen. Man muß angeschraubte Kufen haben, um für voll zu gelten, und wer, wie die Kinder, nur einen Holzschlittschuh mit Riemen hat, weicht in die verwehten Teichecken aus oder schaut zu.

Am Abend, wenn die Läufer und Läuferinnen aus den Schuhen geschlüpft sind, sie über die Schultern hängen haben und abschiednehmend auf die Holztribüne treten, wenn alle Gesichter, frisch und jungen Monden gleich, durch die Dämmerung scheinen, gehen die Lichter an unter den Schneeschirmen. Die Lautsprecher werden aufgedreht, und die sechzehnjährigen Zwillinge, die stadtbekannt sind, kommen die Holzstiege hinunter, er in blauen Hosen und weißem Pullover und sie in einem blauen Nichts über dem fleischfarbenen Trikot. Sie warten gelassen den Auftakt ab, eh sie von der vorletzten Stufe — sie mit einem Flügelschlag und er mit dem Sprung eines herrlichen Schwimmers — auf das Eis hinausstürzen und mit ein paar tiefen, kraftvollen Zügen die Mitte erreichen. Dort setzt sie zur ersten Figur an, und er hält ihr einen Reifen aus Licht, durch den sie, umnebelt, springt, während die Grammophonnadel zu kratzen beginnt und die Musik zerscharrt. Die alten Herren weiten unter bereiften Brauen die Augen, und der Mann mit der Schneeschaufel, der die Langlaufbahn um den Teich kehrt, mit seinen von Lumpen umwickelten Füßen, stützt sein Kinn auf den Schaufelstiel und folgt den Schritten des Mädchens, als führten sie in die Ewigkeit.

Die Kinder kommen noch einmal ins Staunen: die nächsten Christbäume fallen wirklich vom Himmel. Feurig. Und das Geschenk, das sie dazu nicht erwartet haben, ist für die Kinder mehr freie Zeit.

Sie dürfen bei Alarm die Hefte liegen lassen und in den Bunker gehen. Später dürfen sie Süßigkeiten für die Verwundeten sparen oder Socken stricken und Bastkörbe flechten für die Soldaten, für die auf der Erde, in der Luft und im Wasser. Und derer gedenken, in einem Aufsatz, unter der Erde und auf dem Grund. Und noch später dürfen sie Laufgräben ausheben zwischen dem Friedhof und dem Flugfeld, das dem Friedhof schon Ehre macht. Sie dürfen ihr Latein vergessen und die Motorengeräusche am Himmel unterscheiden lernen. Sie müssen sich nicht mehr so oft waschen; um die Fingernägel kümmert sich niemand mehr. Die Kinder flicken ihre Sprungseile, weil es keine neuen mehr gibt, und unterhalten sich über Zeitzünder und Tellerbomben. Die Kinder spielen ‚Laßt die Räuber durchmarschieren' in den Ruinen, aber manchmal hocken sie nur da, starren vor sich hin und hören nicht mehr drauf, wenn man sie „Kinder" ruft. Es gibt genug Scherben für Himmel und Hölle, aber die Kinder schlottern, weil sie durchnäßt sind und frieren.

Kinder sterben, und die Kinder lernen die Jahreszahlen von den Siebenjährigen und Dreißigjährigen Kriegen, und es wäre ihnen gleich, wenn sie alle Feindschaften durcheinanderbrächten, den Anlaß und die Ursache, für deren genaue Unterscheidung man in der Geschichtsstunde eine gute Note bekommen kann.

Sie begraben den Hund Ali und dann seine Herrschaft. Die Zeit der Andeutungen ist zu Ende. Man spricht vor ihnen von Genickschüssen, vom Hängen, Liquidieren, Sprengen, und was sie nicht hören und sehen, riechen sie, wie sie die Toten von St. Ruprecht riechen, die man nicht ausgraben kann, weil das Kino darübergefallen ist, in das sie heimlich gegangen sind, um die ‚Romanze in Moll' zu sehen. Jugendliche waren nicht zugelassen, aber dann waren sie es doch, zu dem großen Sterben und Morden ein paar Tage später und alle Tage danach.

Es ist nie mehr Licht im Haus. Kein Glas im Fenster. Keine Tür in der Angel. Niemand rührt sich und niemand erhebt sich.

Die Glan fließt nicht aufwärts und abwärts. Der kleine Fluß steht, und das Schloß Zigulln steht und erhebt sich nicht.

Der heilige Georg steht auf dem Neuen Platz, steht mit der Keule, und erschlägt den Lindwurm nicht. Daneben die Kaiserin steht und erhebt sich nicht.

O Stadt. Stadt. Ligusterstadt, aus der alle Wurzeln hängen. Kein Licht und kein Brot sind im Haus. Zu den Kindern gesagt: Still, seid still vor allem.

In diesen Mauern, zwischen den Ringstraßen, wieviel Mauern sind da noch? Der Vogel Wunderbar, lebt er noch? Er hat geschwiegen sieben Jahr. Sieben Jahr sind um. Du mein Ort, du kein Ort, über Wolken, unter Karst, unter Nacht, über Tag, meine Stadt und mein Fluß. Ich deine Welle, du meine Erdung.

Stadt mit dem Viktringerring und St. Veiterring... Alle Ringstraßen sollen genannt sein mit ihren Namen wie die großen Sternstraßen, die auch nicht größer waren für Kinder, und alle Gassen, die Burggasse und die Getreidegasse, ja, so hießen sie, die Paradeisergasse, die Plätze nicht zu vergessen, der Heuplatz und der Heilige-Geist-Platz, damit hier alles genannt ist, ein für allemal, damit alle Plätze genannt sind. Welle und Erdung.

Und eines Tages stellt den Kindern niemand mehr ein Zeugnis aus, und sie können gehen. Sie werden aufgefordert, ins Leben zu treten. Der Frühling kommt nieder mit klaren wütenden Wassern und gebiert einen Halm. Man braucht den Kindern nicht mehr zu sagen, daß Frieden ist. Sie gehen fort, die Hände in ausgefransten Taschen und mit einem Pfiff, der sie selber warnen soll.

Weil ich, in jener Zeit, an jenem Ort, unter Kindern war und wir neuen Platz gemacht haben, gebe ich die Henselstraße preis, auch den Blick auf den Kreuzberg, und nehme zu Zeugen all die Fichten, die Häher und das beredte Laub. Und weil mir zum Bewußtsein kam, daß der Wirt keinen Groschen mehr für eine leere Siphonflasche gibt und für mich auch keine Limonade mehr ausschenkt, überlasse ich anderen den Weg durch die Durchlaßstraße und ziehe den Mantelkragen höher, wenn ich sie blicklos überquere, um hinaus zu den Gräbern zu kommen, ein Durchreisender, dem niemand seine Herkunft ansieht. Wo die Stadt aufhört, wo die Gruben sind, wo die Siebe voll Geröllresten stehen und der Sand zu singen aufgehört hat, kann man sich niederlassen einen Augenblick und das Gesicht in die Hände geben. Man weiß dann, daß alles war, wie es war, daß alles ist, wie es ist, und verzichtet, einen Grund zu suchen für alles. Denn da ist kein Stab, der dich berührt, keine Verwandlung. Die Linden und der Holunderstrauch...? Nichts rührt dir ans Herz. Kein Gefälle früher Zeit, kein erstandenes Haus. Und nicht der Turm von Zigulln, die zwei gefangenen Bären, die Teiche, die Rosen, die Gärten voll Goldregen. Im bewegungslosen Erinnern, vor der Abreise, vor allen Abreisen, was soll uns aufgehen? Das Wenigste ist da, um uns einzuleuchten, und die Jugend gehört nicht dazu, auch die Stadt nicht, in der sie stattgehabt hat. Nur wenn der Baum vor dem Theater das Wunder tut, wenn die Fackel brennt, gelingt es mir, wie im Meer die Wasser, alles sich mischen zu sehen: die frühe Dunkelhaft mit den Flügen über Wolken in Weiß-glut; den Neuen Platz und seine törichten Denkmäler mit einem Blick auf Utopia; die Sirenen von damals mit dem Liftgeräusch in einem Hochhaus; die trockenen Marmeladebrote mit einem Stein, auf den ich gebissen habe am Atlantikstrand.

CHRISTINE LAVANT
(1915—1973)

Die Unterkärntner Dichterin gewann in den letzten Jahren dadurch neue Aufmerksamkeit, daß Thomas Bernhard im Suhrkamp Verlag eine Auswahl aus ihren Gedichten herausgab. Bei Insidern aber galt die in Großedling bei St. Stefan/Lavanttal geborene, aus einer kinderreichen Bergarbeiterfamilie stammende Autorin seit je als Nachfahrin eines Rilke und Trakl, wenn sie auch deren intellektuelle Höhe nicht erreicht. In der zweiten Hälfte des 20. Jahrhunderts ist sie ein interessanter Farbton im Kreis der bedeutendsten Lyriker, wie Paul Celan, Ingeborg Bachmann, Nelly Sachs, Hilde Domin. Die geniale Autodidaktin — sie konnte krankheitshalber keine höheren Schulen besuchen — bildete sich an der Bibel, an Texten der Mystiker, an Rilke und Novalis. Ihre kräftige Bildersprache erinnert an den Spätexpressionismus, sie ist durchsetzt von Landschaftsikonen, christologischen Figuren und einer vibrierenden Identitätssuche, die Gefühls-, Gedanken- und Triebbereich als Personifikationen und in Gestalt von Naturdämonen in einem lyrischen Tribunal auftreten läßt. Dabei wird der Vorgang der Ichsuche mit dem Dichten gleichgesetzt, er wird poetologisch, was sich bereits in den Titeln der wichtigsten Gedichtbände niederschlägt: „Die Bettlerschale" (1956), „Spindel im Mond" (1959) und „Der Pfauenschrei" (1962). Alltäglichste Dinge und Werkzeuge aus der ländlich-bäuerlichen Lebenswelt (Spindel, Wespenkrug u. a.) gewinnen einen je bestimmten Ort im System ihrer Identitätssuche, sind Stellvertreter des Guten oder des Bösen, sind aber auch dialektisch besetzt, vom Guten zum Bösen wechselnd und umgekehrt. Was als Botschaft herauszuhören ist, kann man als Sehnsucht nach einem straflosen Leben (frei von Krankheit, Angst, Verlassenheitsgefühlen), nach Gottesentsprechung (Würdigkeit) sehen — auch dies in einer dialektischen (teils bejahten, teils schroff abgelehnten) Gesellschaftlichkeit, in einem Ringen um Anerkennung in einer geistig zwar rückständigen Umwelt, die aber doch als eminent wichtige Instanz für das eigene Leben akzeptiert wird, weil sie Schutz, Ordnung, Ethos vermittelt. Das Spannende an ihrer Lyrik (wie auch an ihrer Prosa, vgl. „Baruscha", Erzählungen, 1952) ist aber die Auflehnung, das Trotzdem eines Menschen, der von körperlichen Malaisen, von Ängsten, von Über-Ich-Diktaten, von Orientierungsproblemen in einer Zeit geistigen Wandels gequält wird und diesen Heimsuchungen mit einer virtuosen, neuen, farbenprächtigen Bildersprache, mit schöpferischer Gedankenarbeit antwortet. Ländlicher Bereich (Hof, Wald, Mond), dämonische Kräfte, spirituelle Instanzen, Ichvorstellungen, Träume, Sehnsüchte — alles dies wird in eine kohärente Schau gebracht, und das ist das Faszinosum und der weltliterarische Rang, den diese Dichtung besitzt, der allerdings in der engeren Heimat der Dichterin nicht genug gewürdigt wird. Auch zu ihren Lebzeiten erfuhr Christine Lavant wenig Anerkennung, wenn auch Künstler, wie Werner Berg, Giselbert Hoke und Egon Wucherer, sich für sie einsetzten. Das teetrinkende, dem Rauchen hingegebene Weiblein — wie es auch bei Werner Berg dargestellt ist — täuschte: hinter dem einfachen, sich betont ländlich gebenden Flair verbarg sich eine fanatische Denkerin, die ihren Mitmenschen an Einsicht und Erfahrung weit überlegen war.

Christine Lavant

Horch! das ist die leere Bettlerschale,
halb aus Lehm noch, aber halb schon Stein,
und sie trommelt dir bei jedem Mahle
Hungerlieder zwischen Brot und Wein.

Blick nicht weg und stelle dich nicht taub!
Deine Zehen zucken längst schon lüstern,
eigenmächtig tanzt in deinen Nüstern
Bettler-Hochmut und verschmähter Raub.

Brich nur weiter das gelobte Brot!
Es ist durch und durch schon angesäuert
von dem Salz, das meine Augen scheuert
und die Schale anzufüllen droht.

Wenn die Trommel plötzlich nicht mehr klingt,
wird kein Mahl auf Erden dir mehr munden
und dein Herz wird sich von selber runden
in der Hand, die d i c h zum Betteln zwingt.

Christine Lavant

Des Nachbars Perlhuhn schreit wie eine Uhr
so unentwegt und immer in demselben
verrückten Abstand, während sich die gelben
Blätter der Weide lösen und als Schnur
im kleinen Dorfbach schaukelnd weitergleiten.
Der schwarze Hund hebt heftig an zu streiten
wider die Schreie, die er nicht verträgt.
Ein tauber Bettler, der durch Nägel sägt,
lächelt voll Hoffnung auf das Abendbrot.
Die letzten Hängenelken blühen rot,
und wenn der Wind will, duften sie herüber.
Sehr tief im Osten steigt ein dunstig-trüber
Herbstmond herauf und äugt uns alle an.
Das Perlhuhn schweigt, — ein rostig-brauner
                                                        Hahn
kommt ihm fast höflich durch die Nacht
                                                        entgegen.
Der Bettler sitzt schon unterm Küchensegen,
und in der Hundehütte rauscht das Stroh.
Jetzt dürfte man vom Tage nichts mehr wissen!
Ich aber wende immerfort das Kissen;
denn unter meinem Schädel irgendwo
verbarg das Perlhuhn seine schrillen Schreie.

Der Mond tritt langsam aus der Sternenreihe
und an mein Fenster als ein gelber Hahn.
Wie eine Uhr fang ich zu beten an.

Christine Lavant

Es riecht nach Weltenuntergang
viel stärker als nach Obst und Korn,
der Vogel, der am Mittag sang,
dreht jetzt sein Opfer auf den Dorn,
ergreifend flach und ohne Schein
schiebt sich der Mond herein.

Hochsommernacht und so voll Frost!
Das Windrad geht verzweifelt um,
die Sterne scheinen nicht bei Trost,
denn jeder dreht sich wild herum,
bevor er zuckend untergeht
wie eben mein Gebet.

War das der zwölfte Stundenschlag
und mittendrin ein Hahnenschrei?
Es klang so nach dem Jüngsten Tag —
mein Herz tanzt jetzt als hohles Ei
vor meinem eigenen Gesicht,
und das ist das Gericht.

Christine Lavant

Endlos schreit vom Hohlweg herüber
und unausstehlich die Regenkröte.
Der späte Mond und mein Herz
gleichen an diesem Oktoberabend
einem aufgerissenen Wespenkrug.
Lautlos gleiten die schwarzen Schiffe
hastiger Vögel am Fenster vorbei
und erschrecken mich und die Abendspinne.
Halbfertig über Stirne und Augen
hängt mir das dünne Gewebe des Schlafes.
Bald wird es schwer von meinen Ängsten sein,
denn unerträglich dünkt mich das Zeichen
des aufgerissenen Wespenkruges,
den der Wind jetzt vom Schuppendach bläst.

Christine Lavant

Meine Stube duckt sich gläsern.
Unten in den Baumgartgräsern
lockt der schwarze Hahn.
Gelber Löwenzahn
schließt verstohlen die Rosetten
und die Samenkugelketten
werden schwer vom Tau.
Vögel in der Birnbaumkrone
äugen nach der Mondesbohne,
spielen Mann und Frau.
Undurchsichtig wird die Stube
und das Herz in seiner Grube
zittert wie ein Samenballen,
aus den offnen Augenfallen
flüchten Traum und Schlaf.
Stoßgebete hart wie Kiesel
werf ich nach dem roten Wiesel
und dem schwarzen Schaf.

bald kommt der Abendstern.
Der bringt dann unsrem Herrn
die Botschaft, daß uns seine Kraft
erlöste aus der Schwermuthaft,
daß wir nun gerne leben.
Spürst du die Sterne schweben?

Christine Lavant

Die Schwermut kämmt ihr Pferdehaar,
darin ich oft verflochten war
vor meiner Stubentüre.
Das Fenster ist betrübt und feucht,
ein Vogel flattert aufgescheucht
quer durch die Regenschnüre.
Starr schaut mich meine Freude an,
sie hat den Mantel umgetan
und horcht in Angst versunken.
Da draußen knistern Funken,
als würde rasch ein Brand gelegt,
mein Herz steigt zittrig und erregt
in die verengte Kehle.
Doch plötzlich finde ich den Mut
zu sagen: Es wird alles gut!
Komm, Freude, ich befehle
dir, froh zu sein wie nie zuvor,
geh jetzt in mich und leg dein Ohr
auf jeden meiner Sinne.
Horch nur, die Schwermutspinne
erstickt sich selbst im Feuerhaar,
und draußen wird der Himmel klar,

93

MICHAEL GUTTENBRUNNER
(1919)

Der Doyen der Kärntner Lyrik schreibt zwei Formen des Gedichts und ist darin ohne jede Konzession an Moden und Strömungen geblieben: das politische Gedicht, das radikal anklagt und jene wohltuende antifaschistische Klarheit besitzt, die das Kärntner Geistesleben nötig hat, verbunden mit direktem Engagement für sozial Schwache, für Minderheiten und Verfolgte. Auf der anderen Seite überdauerte in ihm ein Organ den 2. Weltkrieg, das dem Mythischen, dem Klassischen entspricht. Dieses Janusgesicht Guttenbrunners wandelt durch die seelische Landschaft Kärntens — auch wenn er in Wien wohnt — und bildet ein aufbauendes Element im Kärntner Selbstbewußtsein. „Schwarze Ruten" (1947), „Opferholz" (1954), „Ungereimte Gedichte" (1959), „Die lange Zeit" (1965), „Der Abstieg" (1975) und „Gesang der Schiffe" (1980) sind die Titel seiner Gedichtbände; daneben entstand Prosa („Spuren und Überbleibsel", 1947) und erschienen Anthologien, außerdem war Guttenbrunner als Herausgeber tätig („Das Ziegeneuter"). 1987 wurde ihm sehr spät der Kulturpreis des Landes Kärnten überreicht.

Michael Guttenbrunner

Der arme B. B.

Als das Dritte Reich gegründet war
und der Satiriker sich weigerte,
auf die Apokalypse den Protest zu stülpen,
trat mit Halbstarken und Ganzschwachen
auch Brecht gegen ihn auf
und gab sich zu erkennen als Verleumder:

Kraus schilt auf jene, deren Mund verstopft ist;
den Hungernden zählt er die Brösel vor;
die Mörder rühmt er, tadelt, die sie morden.
Zugleich entschuldigt er den Marodeur:
unwissend und getäuscht durch Augenschein,
sei er dem Zufall ausgeliefert;
dem Schöngeist fehlt das Rüstzeug der Partei,
und außerdem: er selber ist ja satt.

Armer B. B., gegen dich
braucht Kraus keinen Verteidiger;
doch wer schützt dich,
wenn ich dir, auf die Zinne der Partei,
mit einer Nadel bloß,
rauchenden Ekel reiche?

Michael Guttenbrunner

Der Renitente

Einst waren Wein und Lorbeer marschbereit
und eingemanscht dem Leim
der großen Heilsarmee. Jetzt liegen sie,
verkehrt zum Stillstand, im Verkehr,
und Sekretäre,
die der Tod begehre,
beschmieren sich mit ihnen auf Kongressen.

Laut rauschend rinnen an den innern Wänden
Ströme des Aufruhrs durch den Kopf
des Renitenten.

Michael Guttenbrunner

Der Kärntner Slowene

Ein zurückgebliebener Fisch,
wo die Flut verrauscht
und abgezogen ist;
nur wenig Wasser mehr.
Bald ausgetrocknet, erstickt,
mit dem Rücken zur Wand der Karawanken,
so steht er da.

FLORJAN LIPUŠ (1937)

Der Jauntaler Volksschuldirektor Florjan Lipuš gilt als der bedeutendste slowenische Romancier in Kärnten. 1960 Mitbegründer der wichtigen literarischen Zeitschrift „Mladje" — unter dem Pseudonym Boro Kostanek —, konnte er sich aus einer eher konservativen Geisteshaltung zum kritischen Kommentator des Kärntner Geisteslebens emporarbeiten (vgl. P. Zablatnik. 1985. S. 190ff.). Die Hauptwerke von Lipuš wurden zuerst in Jugoslawien unter dem Titel „Škorenj"(Stiefel) herausgebracht und enthielten den Roman „Zmote dijaka Tjaža" (Der Zögling Tjaž), „Zgodbe o čuših" (Tschuschengeschichten) und „Črtice mimogrede"(Skizzen im Vorübergehen), Bücher, die inzwischen auch schon in Kärnten erschienen sind. Im 1972 erstmals publizierten Roman „Zmote dijaka Tjaža" (Der Zögling Tjaž) wird nicht nur ein geschichtliches Bild Kärntens zur Nazizeit und nach 1945 gegeben, sondern auch in einer interessanten Handlungssegmentierung das rückständige und unwürdige Klima in einem Kärntner Internat und in Klagenfurt erzählt. In der Figur des Zöglings Tjaž ist Lipuš — nur entfernt an Musils „Törleß" gemahnend — eine große dichterische Leistung geglückt. Lipuš ist aber nicht nur der Kritiker des sozialen und politischen Bewußtseins in Kärnten, er ist auch ein Sprachkünstler, dessen Verwendung ungewöhnlicher Idiome und Konstruktionen eine hohe Originalität besitzt. Die Neigung zu schwierigen Metaphern, die allerdings seinen Themen angemessen sind, zeigt sein Buch „Odstranitev moje vasi" (Die Beseitigung meines Dorfes), 1983. Die Übersetzung seiner Werke durch Peter Handke machte Lipuš weltweit bekannt. Zuletzt erschienen die Prosabücher „Jalov pelin"(Fruchtloser Wermut), 1985, und „Prošnji dan" (Bittag), 1987.

Florjan Lipuš

Zmote dijaka Tjaža

POGLAVJE O SLAČENJU

Tisto jutro, ko smo zbrani čakali v kavarni, da prinesejo Tjaža, bom kar se da hitro pozabila, tako upam. Odpravljala sem se v šolo, pravkar sem bila stopila iz hiše, ko je planil predme sel ter z zasoplim glasom stresel vame novico, da je Tjaž napravil samomor, s kavarniške verande na vrhu stolpnice da je vrgel svoje telo v globino, udaril da je na pločnik in obležal. Nekaj trenutkov se mi je zdelo, da me je zalil svinec in da nikoli več ne bom mogla sprostiti žil iz njegovih oklepov, mogoče je celo, da mi je srce nekaj hipov res zastalo, v taki naglici se je vse to zgodilo, da ji kratko malo nisem bila kos. Vest o Tjaževi smrti me torej ni pretresla, temveč okamenila, naredila me je trdo in neokretno ter spojila telo in duha v neuporabno gmoto. Če bi mi bil ostal samo trenutek, da bi se ujela, pridobila ravnovesje in sprostila gmoto telesa in duha, recimo, da bi bila prišleca pravočasno zagledala ali da bi mu bila utegnila nekje odščeniti samo drobec, tisti drobec, ki je potreben, da se iz misli utrne sklep, bi se bila obvladala in hladno vprašala, češ kaj imam s tem opraviti, naj to sporoči pristojnim mestom in tako dalje, ko bi bila mogla, bi ga bila brez pomislekov zatajila, kot bi se za internatko spodobilo, uresničila bi bila načela, ki smo bile v njih leta vzgajane, nune bi se bile lahko ponašale z menoj in nemara bi me bile postavile za zgled vsem drugim deklicam. Ni torej moja zasluga, če sem krenila iz začrtane brazde in ravnala po svoje, nisem storila tega iz prepričanja, prav tako to tudi ni bila posledica čednosti in vrlin, temveč sem to storila iz zadrege, iz časovne stiske, nepripravljeno in nerazpoloženo me je doletela vest, niti slutila je nisem, držala sem še za kljuko ali jo bila morda pravkar spustila, ne vem več, v ustih so mi bili napoti še zadnji grižljaji kruha, ki ga ni bilo več časa pozajtrkovati v sobi, kajti navadno se je mudilo in sem zadnje konce goltala med tekom po stopnicah ali celo še na cesti, okoliščine so torej ravnale proti meni, v najbolj neprilíčnem trenutku je pridirjal sel in trčil obme s svojo novico s tako ihto, da me je morala pobiti in je iz mene planil resnični človek, takšen, kakršen sem v resnici bila, gola in naravna, s čuti

95

in nagoni obdarovana, prvotna in živa in ne takšna, za kakršno sem bila vzgojena in sem si slednjič sama domišljala, da sem, in sem trpela, ako taka nisem mogla biti. Čeprav Tjažev konec ni bil za to primerna prilika, sem se vendarle doživela, po tolikem jalovem času je bilo doživetje samega sebe ganljivo in je dobro delo telesu in duši, občutila sem, da znam biti dobra, dojela sem, da sem dobra, kadar sem naravna, da sem lepa, kadar sem gola, to je prosta vseh vzgojnih priveskov in družbene navlake, da sem močna, kadar od slabosti omahujem, da ravnam pravilno, kadar ravnam nagonsko.

Florjan Lipuš

Der Zögling Tjaž

DAS KAPITEL VOM ENTKLEIDEN

Jenen Morgen, an dem wir gemeinsam im Café gewartet haben, daß man den Tjaž herbeibringe, werde ich, wie ich hoffe, so schnell wie möglich vergessen. Ich war auf dem Weg zur Schule, und gerade trat ich aus dem Haus, als ein Bote auf mich zustürzte und mir mit atemloser Stimme die Neuigkeit zutrug, Tjaž habe sich umgebracht, von der Kaffeehausveranda oben am Hochhaus habe er sich in die Tiefe geworfen, er sei auf den Gehsteig aufgeschlagen und liegengeblieben. Einige Augenblicke lang schien es mir, als würde ich innerlich von einem Bleiguß erfüllt und würde die Adern nie mehr aus der Umklammerung befreien können, es ist sogar möglich, daß mir das Herz für einige Augenblicke tatsächlich stehenblieb, das alles ereignete sich in einer Schnelligkeit, der ich, kurz gesagt, nicht gewachsen war. Die Nachricht von Tjaž' Tod hat mich nicht erschüttert, sondern versteinert, sie ließ mich starr werden und unfähig zu einer Gebärde, und sie verschmolz Körper und Geist zu einer unbrauchbaren Masse. Hätte ich nur einen Augenblick gehabt, mich zu fangen, das Gleichgewicht wiederzugewinnen und das Gemenge von Körper und Geist ordentlich zu trennen, sagen wir, den Ankömmling rechtzeitig wahrzunehmen oder ihm wenigstens um ein Sekundenbruchstück zu-

vorzukommen, um jenes Zeitbruchstück, das nötig ist, damit sich aus dem Gedanken ein Schluß ergibt, so hätte ich mich beherrscht und kühl gefragt, was ich denn damit zu schaffen hätte, er solle die zuständigen Stellen benachrichtigen, und so weiter, wenn ich nur gekonnt hätte, dann hätte ich Tjaž ohne Bedenken verleugnet, wie es sich für eine Internatsschülerin gehört, ich hätte den Grundsätzen entsprochen, in denen man uns jahrelang erzogen hat, die Nonnen hätten auf mich stolz sein können und mich womöglich allen anderen Mädchen als Vorbild hingestellt. Es ist also nicht mein Verdienst, wenn ich von der vorgezogenen Furche abkam und meine eigene zog, das tat ich nicht aus Überzeugung, genauso war es auch keine Folge von Tugend und Tüchtigkeit, vielmehr tat ich es aus Verlegenheit, aus einem momentanen Notstand heraus, unvorbereitet und ungeordnet hatte mich die Nachricht ereilt, ich habe überhaupt keine Ahnung gehabt, ich hielt mich noch an der Türklinke fest oder hatte sie vielleicht gerade losgelassen, ich weiß nicht mehr, im Mund kamen mir noch die letzten Brotbrösel in die Quere, für die das Frühstück im Zimmer zu schnell gegangen war, denn ich bin gewöhnlich in Eile, und die letzten Stückchen verschlinge ich im Laufen, unterwegs auf der Treppe oder sogar schon auf der Straße, die Umstände richteten sich also gegen mich, im ungeeignetsten Augenblick kam der Bote angerannt und ist auf mich gestoßen mit seiner Neuigkeit, und zwar derart heftig, daß ich mich verwandelte und aus mir das Ich hervorkam, das ich in Wirklichkeit war, ursprünglich und lebendig und nicht mehr diejenige, zu der man mich erzogen hatte und die ich mir zuletzt schon selber einbildete zu sein, derart, daß ich litt, wenn ich nicht so sein konnte. Obwohl Tjaž' Ende für dergleichen nicht die rechte Gelegenheit war, habe ich dabei trotzdem zu leben angefangen, nach so viel unfruchtbarer Zeit war für mich das Erlebnis meiner selbst etwas Bewegendes und hat dem Körper und der Seele gutgetan, ich fühlte, daß ich gut sein konnte, ich habe begriffen, daß ich gut bin, wenn ich nur natürlich bin, daß ich schön bin, wenn ich nackt bin, frei von allem Erziehungsgeschnörkel und Gesellschaftskrempel, daß ich stark bin, wenn ich vor Schwäche schwanke, daß ich das Richtige tue, wenn ich handle, wie mir zumute ist.

(Aus dem Slowenischen übersetzt von Peter Handke)

Gustav Januš (1939)

Der aus Zell Pfarre/Sele stammende Gustav Januš ist eine Doppelbegabung. Er trat als Maler und Lyriker hervor und errang auf beiden Gebieten große Anerkennung. Wie Lipuš und Handke besuchte er das Gymnasium Tanzenberg und wechselte zur Lehrerbildungsanstalt nach Klagenfurt in die Bahnhofstraße 36. Er arbeitet als Lehrer in St. Jakob im Rosental und war Mitherausgeber der Kärntner Zeitschrift „Mladje". Seine Lyrik, die ihm 1984 den Petrarca-Preis einbrachte, ist ein schillerndes Pandämonium, das in zarten bis grellen Farben gemalt ist. Impressionen und Aphorismen gehen eine interessante Verbindung ein, Kritisches wird mit träumerischen und elegischen Tönen vermischt. Der Ausdruck kennt scheinbar keine Grenzen, Motive und Bilder sind wie in Ikonen gestellt, die in einer vibrierenden Farbigkeit leuchten. Die erste Sammlung von Gedichten hieß „P(e)s(m)i" (Gedichte/Hunde), 1978. Vereinzelt erschienen die Gedichte in Zeitschriften, vor allem in „Mladje" und „Sodobnost". Sie wurden von Peter Handke ins Deutsche übertragen. Zuletzt erschien im Residenz Verlag der zweisprachige Band „Ko bom prekoračil besedo / Wenn ich das Wort überschreite" (1988, Deutsch von Peter Handke), außerdem liegen seit 1983 „Pesmi", gesammelte Gedichte, von Januš vor.

Gustav Januš

Oči

Včeraj sem bil v mestu
in tudi v kavarni.
Vsi ljudje, ki so imeli
rjave, sive in črne oči,
so brali.

Samo deklica, ki je imela
modre oči,
ni brala.
Večkrat so se srečale
najine oči in v njih
sem doživel hrepenenje
pomladnega cvetja po soncu,
nežnost in pesem prve ljubezni,
veselje žuborečega potočka
in razigranih metuljev poleti,
tudi žalost jesenskega vetra
na umirajoči livadi.
Ko je odšla,
sem bil žalosten,
ker je vzela
veliko življenja s seboj.

Gustav Januš

Die Augen

Gestern war ich im Ort
und auch im Kaffeehaus.
Alle Leute, die
braune, graue und schwarze Augen hatten,
haben gelesen.
Nur das Mädchen, das
blaue Augen hatte,
hat nicht gelesen.
Öfters sind sich unsrer beider
Augen begegnet,
und in den ihren habe ich die Sehnsucht
der Frühlingsblüte nach Sonne erlebt,
die Zartheit und den Gesang der ersten Liebe,
die Leichtherzigkeit eines rieselnden kleinen Bachs
und der munteren Schmetterlinge im Sommer,
auch die Traurigkeit eines Herbststurms
auf den sterbenden Fluren.
Als sie weggegangen ist,
bin ich traurig gewesen,
weil sie viel Leben
mit sich genommen hat.

97

Gustav Januš

Na sejmu

Srečen je debeli mož,
ki stoje ob stojnici
jé kranjske klobase
in pije odprto hladno pivo.
Srečen je, čeprav njegov želodec
težko prebavlja kranjske klobase
in včasih pritisne na trebuh tako,
da mora pas malo zrahljati, da
spet lahko je in pije,
kajti (pravi) dokler mu
dišijo klobase in pivo, je
na sejmu ves srečen.
Srečno je tudi dekle okroglega lica,
ker ji je kupil zal fant
lectovo srce z velikim napisom:
DIR IMMER TREU
in ji ga je obesil okoli vratu tako,
da ga ne more nikoli zgubiti.
Ustrelil ji je tudi papirnato rožo
in ji jo pripel na prsi,
da je priteklo nekaj kapljic srčne krvi.
Veselijo se tudi otroci, ki
žrejo sladoled in turško strd ter
se vozijo z vrtiljakom in
jahajo lesene konjičke tako hitro,
da pozabijo na prepir.

Veselijo se
kramarji, sladoledarji, lectarji,
klobasarji, pivotočarji, natakarji,
gostilničarji, lončarji, sitarji,
čevljarji, coklarji, copatarji,
preprogarji, hlačarji, slamnikarji
in trgovci z mešanim blagom.
Vesel in srečen je tudi gospod župan.
Nič ga ne skrbijo puške
na dveh stojnicah — saj z njimi
streljajo samo papirnate rože.

Gustav Januš

Auf dem Kirchtag

Glücklich der dicke Mann,
der am Stand steht,
Krainer Würste ißt
und offenes kühles Bier trinkt.
Glücklich ist er, obwohl sein Magen
die Krainer Würste schlecht verträgt
und manchmal derart drückt,
daß er den Gürtel lockern muß, um
weiter essen und trinken zu können,
denn (sagt er sich) solange ihm
Würste und Bier schmecken, ist
er auf dem Kirchtag ganz glücklich.
Glücklich auch das pausbäckige Mädchen,
weil der stattliche Bursche ihr
ein Lebkuchenherz gekauft hat,
mit der großen Aufschrift:
DIR IMMER TREU*,
und es ihr auf eine Weise um den Hals gehängt hat,
daß sie es nimmer verlieren kann.
Er hat ihr auch eine Papierrose geschossen
und sie ihr an den Busen geheftet,
wobei ein Paar Tropfen Herzbluts geflossen sind.
Es freuen sich auch die Kinder, die
Eis und türkischen Honig schmausen, und
auf dem Ringelspiel sausen und
so geschwind auf den Holzpferdchen reiten,
daß sie vergessen zu streiten.

Es freuen sich
die Schausteller, die Eismänner, die Lebzelter,
die Wurstverkäufer, die Bierausschenker, die Kellner,
die Wirtsleute, die Töpfer, die Siebmacher,
die Schuhmacher, die Pantinenmacher,
                              die Pantoffelmacher,
die Teppichknüpfer, die Hosenmacher,
                              die Strohhutmacher,
und die Gemischtwarenhändler.
Fröhlich und glücklich ist auch der Herr Bürgermeister.
Die zweiläufigen Flinten stören ihn nicht —
                              mit ihnen werden ja bloß
Papierrosen geschossen.

* deutsch im Original

98

Gustav Januš

HOTEL sem loviti oblake,
pa sem imel še sanje v rokah.
Ker me je motila luč rumenih rož,
sem jo ugasil.
Zgubil sem vid,
bil sem brez oči v sebi,
govoril sem brezglasno in
končno le rekel:
„Sem sicer že malo kratkoviden,
toda očal za zdaj še ne potrebujem."

Blesk mi je padel iz oči,
z golimi rokami sem pobiral prazno tišino.
Polna luna se je sprehajala
zadaj za oblaki,
prikupna tema, ki
je nastala pozneje,
je prevlekla s spomini
pisane dneve.

Nemirno so mravlje kupčevale.

Nastajajoč veter
je razdvajal trave
ter trosil cvetoča poročila
po sveži zemlji sem ter tja, da
so sanje izgubile resničnost in pomen.

Življenje se je nato spet vrnilo.
Resnično.

Gustav Januš

ICH WOLLTE auf Wolkenjagd gehen,
doch bekam ich Traumstoff zu fassen.
Es störte mich ein Leuchten gelber Blumen.
Ich habe es gelöscht,
verlor den Gesichtssinn,
und sagte, augenloser Körper, ausdruckslos:
„Ich bin zwar schon ein bißchen kurzsichtig,
aber eine Brille brauche ich fürs erste noch nicht."

Augenschimmer schwand,
mit den bloßen Händen heimste ich wüste Stille ein.
Voller Mond wandelte hinter den Wolken hin,
gnädige Finsternis, die
später aufkam,
blätterte im Gedächtnis
farbenreiche Tage auf.

Ruhelos die Geschäftsstraßen der Ameisen.

Aufkommender Wind zweiteilte
die Gräser
und streute hierhin und dorthin
in das frische Erdreich Nachrichten aus:
die Träume hätten Wirklichkeit
und Sinn verloren.

Tosend kehrte da das Leben zurück.

(Aus dem Slowenischen übersetzt
von Peter Handke)

99

GERT JONKE (1946)

Bekannt wurde Gert Friedrich Jonke, Sohn einer Klagenfurter Klavierlehrerin, durch seinen ersten, einen Formbruch im Sinne der „Wiener Gruppe" demonstrierenden „Geometrischen Heimatroman", der das Prinzip der Reihung von skizzenartigen Prosastücken um einen „Dorfplatz", kunstvoll und bereits hier einem musikalischen Prinzip folgend, anwendet. Das Geometrische bleibt auch — wieder eher im musiktheoretischen Verstand — Konstituens seines Schreibens („Glashausbesichtigung", (1970), „Die Vermehrung der Leuchttürme", (1971)). Seit der Erzählung „Die Schule der Geläufigkeit" (1977) zeichnet sich eine neue Richtung des Schreibens ab: jene auf eine Utopie hin, die aber im Widerstreit von Schein und Wirklichkeit schwer faßbar ist. Die Fortsetzung, der Roman „Der ferne Klang" (1979), ist eine analytische Form: ein junger Mann erwacht eines Morgens im Krankenhaus, ohne Erinnerung, ohne Orientierung; man sagt ihm, er habe mit einer Überdosis Tabletten Selbstmord begehen wollen; in eine Krankenhausangestellte verliebt, die aber nicht wiederzufinden ist, flieht er aus dem Krankenhaus und sucht sie. Daraus wird ein geistiges Abenteuer, das vor allem durch eine die Dinge nie fixierende Prosa eine große Suggestion gewinnt. Jonke, der Träger des Ingeborg-Bachmann-Preises ist, schrieb auch Hörspiele: „Damals vor Graz" (1970) sowie „Die Schreibmaschinen" (1971). Weiters erschienen 1980 „Die erste Reise zum unerforschten Grund des stillen Horizonts" sowie 1982 „Erwachen zum großen Schlafkrieg".

Gert Jonke

Der ferne Klang
(Ausschnitt)

Auffallend viele Gesichter tauchen jetzt in der Menge nach und nach auf, die dir bekannt sind, es scheint tatsächlich Gott und die Welt auf diesem Volksfest versammelt zu sein. Ist das dort nicht der Oberbaurat, flankiert von Jagusch und Jacksch, und dort auch der Schleifer in Begleitung von Schläfer, wie einträchtig gemeinsam die beiden heruntergekommenen Virtuosen!, und dort, das ist doch der Fotograf Anton Diabelli, der wie ein Verrückter herumrast und mit seiner Sofortbildkamera ständig alles ihm Unterkommende fotografiert und die fertigen Bilder, die er aus dem Apparat herauszieht, mit solchen vergleicht, die er sich aus den Taschen seines Sakkos hervorkramt, und taucht dort drüben nicht der Proktologe unter, während links davon, nein, rechts, der Keldorfer zum Vorschein kommt, nein, du meinst den Hellberger, den jetzigen Konservatoriumsleiter, in Gesellschaft des Bestattungsingenieurs, erkennt er dich nicht sofort wieder, dein ehemaliger Klavierlehrer, oder winkt er jemand anderem zu, nein, du bist gemeint, wie gehts, fragt er, gut, rufst du zurück, es wird alles anders, erwidert er, stellen Sie sich vor, es wird alles anders, der Ruf unseres Konservatoriums wird gerettet, denn dieser Herr hier, er zeigt auf den Bestattungsmeister neben sich, beschafft mir für den Dachboden eine lautlose Sargtischlerei, die das Gehirn unserer Anstalt unauffällig zu säubern bereit sich erklärt hat, sagen Sie Ihrem Herrn Bruder die besten Empfehlungen, ruft er dir abschließend zu, bevor er wieder in der Menge verschwindet; und diese Leute kennst du doch auch, die jetzt den Rand des Platzes der Republik betreten und eindringen in die Masse vor ihnen, die sich für sie widerspruchslos zu teilen scheint, ja, es sind der Lokalredakteur samt dem Sportredakteur und dem weltpolitischen Redakteur, und mit ihnen, das auch noch, muß das denn sein, der Musikkritiker Pfeifer, der dich als einziger von ihnen wiedererkennt, oh, meine Verehrung, ruft er dir zu, was für eine freudige Überraschung, Sie endlich wieder einmal anzutreffen, wie lange schon eigentlich nicht mehr, sicher Jahre, im übrigen habe ich Ihre Haltung der vergangenen Jahre ausnehmend bewundert, daß Sie nichts komponiert haben, daß Sie aufgehört haben zu schreiben, ja, die einzig richtige Haltung, das kann man wohl sagen, in Zeiten wie den vergangenen, sich zu verweigern war die einzig wahre Antwort auf die Umstände der Vergangenheit, und daß Sie nichts komponiert haben, habe ich immer als eine beachtliche politische Haltung bewundert, aber jetzt ist ja wieder alles anders geworden endlich, nicht wahr, jetzt werden Sie ja hoffentlich gleich wieder zu komponieren beginnen, und schon demnächst in den folgenden philharmonischen Konzerten erwarte ich dringend die Uraufführung neuer, jetzt zu komponierender Orchesterstücke von Ihnen, opus 6, nicht wahr, oder vielleicht sogar schon opus 11, würde mich ausnehmend freuen, habe bis dahin die Ehre ... Freudestrahlend erzählt er weiter im Namen seiner Kollegen, mit denen er sich durch den Platz der Republik arbeitet, auch bei uns in der Zeitung ist alles anders geworden, stellen Sie sich vor, alles neu, wir fangen wieder ganz von vorne an!, jawohl, nimmt ihm der Lokalredakteur die Worte aus dem Mund, indem er zu den ihn umgebenden Leuten zu sprechen beginnt, ein neues Format, wie Sie wissen müssen, ein ganz neues Zeitungsformat, noch länger, noch breiter, noch dicker mit noch weiterverstreuter Information! Er hat jetzt die Rathaustreppe erklommen und setzt seine Volksrede fort. Deshalb erlaube sich zu diesem bedeutenden Anlaß die Redaktion, die gesamte Bevölkerung zum Volksfest einzuladen, und deshalb schwebe schon die ganze Zeit sowohl aus dem Gebäude der Zeitungsredaktion als auch vom Turm des Rathauses als auch von allen anderen Gebäuden die ganze Zeit unglaublich viel Zeitungspapier vom Himmel herunter aus Segelfliegern geworfen herab in die Stadt und werde teils unterwegs vom Wind zerfetzt, teils sause es hinein in die Menge und verfinstere fast den Nachmittag, um ihn gleich wieder zu erhellen mit der Ankündigung von der neuen Zeitung, die er hiemit zu machen sich inserierend allerseits gestatte, mit völlig neuer Zielrichtung, und deshalb würden jetzt alle alten Zeitungen, die noch in der Redaktion gelagert gewesen, die altformatigen Blätter, vom Uhrturm kleinformatig mit beigefügten aufklärenden Hinweisen auf die neuformatige, ab heute neuformatige Zeit über den Leuten hier

herabgeworfen, mit wichtigen Erklärungen größerformatiger übersichtlicherer Natur als bislang, denn habe man sich zuvor mit der Zeitung ohne Mühe nur den Kopf und höchstens noch einen schmaleren Brustkasten abdeckend sorgfältig einwickeln können oder sei einen bescheidenen Hut und hin und wieder ein Hemd daraus zusammenfaltend verfertigend in der Lage gewesen in den Zeiten der bisherigen Not, so könne man ab morgen schon mit dem neuen Zeitungsformat ohne Schwierigkeiten sich den gesamten Körper umhüllen und habe so die günstigsten Möglichkeiten, sich daraus gleich einen handlich zurechtfaltbaren Mantel oder eine Regenhaut, einen Umhang herzustellen, notfalls auch ein kleines, beschränkt wetterfestes Zelt, das man auf Wanderungen unterwegs nach der Beendigung der Zeitungslektüre aufstellen werde können biwakartig, zumindest für eine größere oder zwei kleinere Personen geeignet, die Nacht zu verbringen in der Wärme neuer Nachricht, und so erspare man sich öfters den Geldbetrag für ein Hotelzimmer oder falls alles belegt oder alle Herbergen zu weit fort in der Nacht ...

Noch immer flattert natürlich das Zeitungspapier aus allen Fenstern des Firmaments, ein richtiger Zeitungswinter, der ein wenig flatternde Schatten bietet gegen die sengende Sonne, gegen deren Brennen sich jetzt viele Leute aus den herabschwebenden Zeitungen einen Hut zusammenfaltend basteln und aufsetzen, die ersten Nachmittagsstunden beginnen an verschiedenen Ecken schon zu verkohlen oder anzuglosen, viele Leute, fast alle, tragen jetzt diese sogenannten Malermützen, die sich sonst nur die Anstreicher aufsetzen, wenn sie in den Gerüsten des Horizonts hängend dessen Zierleisten mit frischer Ölfarbe bemalen, ja, diese neue Kopfbedeckung scheint sich zu einer richtigen allumfassenden Volksuniformkappe entwickelt zu haben, die nicht so bald aus der Mode kommen dürfte, zum Zeichen dessen, was allen ab heute gemeinsam ist an diesem Glückstag mit dem ach so gelungenen Generalstreik und der neuen Regierung bei Ferienbeginn und Saisonwechsel an diesem heftigen überschäumenden Sonntag, dessen Volkspapierversammlung gewaltig raschelnd an die Klippen der Mauern brandet, ja, es bestehen allen Bewohnern ganz eng und fest um den Hals gebunden geschlungene Gemeinschaftsbande, an denen alle und alles hinkünftig aufgehängt werde, teilt jetzt der Bürgermeister vom Fenster des ersten Stockes des Rathauses den Leuten der Stadt eindeutig mit, seine Figur ist straff und bügelfaltenkantig gekleidet in einen ganz neuen Anzug mit einer umgebundenen neuen Schärpe, die, wie er zu erklären versteht, den neuerwachten Stadtgeist von heute an weiterhin symbolisieren soll, und bald beginnst du dich, wahrscheinlich stellen sich heute sehr oft die anderen dieselbe oder eine ähnliche Frage, zu fragen, was hatten denn alle gegen diese Stadt, die sie schon abschreiben wollten, gar nichts hatten sie dagegen gehabt, sie ersatzlos aus den Landkarten zu streichen, man ist doch heute glücklich zwischen den Häusern und fühlt sich von den Mauern geborgen, wie konnten denn plötzlich alle unlösbaren Probleme in einem wohltuend aufgeklärten Vergessen sowie in abgeklärter Hektik des Festes hinwegverschwinden, abgeworfen in die Drehung der verrückten Karussells, deren Schwindelmühlen alles zermahlen hatten, und geschleudert mit den Autodromen in den Öffnungsschlund einer Geisterbahn und vielfach verschlungen darin im Darm des allerheitersten Horrors, hoch- und tiefgehievt ertränkt mit den in der Sonntagskuppel entfesselt kenternden Schifferschaukeln ... als würde alles aufbrechen zu einem gewaltigen Erschöpfungshöhepunkt beim Sieg für eine Erneuerung des Daseins im wohltuenden Zusammenbruch?, was ist mit dieser Stadt, was soll sich denn so plötzlich geändert haben?!

Hallo, daß man Sie wieder sieht, wirst du in den Gedanken unterbrochen von einem guten alten Bekannten, dem begabtesten Hausapotheker des Landes, der vor seinem Geschäft steht und dich anstrahlt. Was haben Sie denn gemacht die lange Zeit, und warum sind Sie, ich glaube beinah jahrelang, nicht mehr bei mir gewesen? Was hat Ihnen gefehlt, daß Sie gar nicht mehr gekommen sind?

Es habe dir gar nichts gefehlt, und deshalb seist du nie mehr aufgetaucht.

Ja, aber hätten Sie nicht trotzdem kommen können? Wer hat Ihnen endlich das Schlafen beizubringen vermocht? Kommen Sie, fordert er dich auf, einen Sprung herein, kommen Sie herein, draußen ist es zu laut, um sich zu unterhalten ...

Sehr schade, daß Sie nie mehr gekommen sind, sagt er, es ist gerade in letzter Zeit so vieles anders geworden, alles ganz neu, Sie haben gar keine Ahnung, die neuentwickelten Mittel, umwerfend, das kann ich Ihnen verraten, die bisher besten, regen beruhigend an, dämpfen aufhellend zu einem erregend wachen Schlaf, regen zur Bewußtlosigkeit an, beruhigen ganz lebhaft, lösen alles in verstreute Konzentration und befähigen zu allerlei komplizierten Anstrengungen während des Tiefschlafs, alles wird ganz anders, wissen Sie. Brauchen Sie was, mein Lieber? Können Sie wirklich schlafen? oder darf ich Ihnen was geben?, was?, das übliche, wie immer? Sehr gut.

Und er beginnt vorzukosten dir und dem Volk, Tabletten und Pillen schluckend eine nach der anderen zur Illustration seiner Behauptung, geordnet nach den Farben der wunderbaren Spektralpracht von schon vor Jahren ausgetrocknet eingemotteter Regenbogen ...

Ganz hoch da oben siehst du auf der Kuppe des Kathedralendaches Daniele, die flachsblonde Seiltänzerin, stehen. Vor ihren Füßen ist das Seil gespannt von der Kathedrale quer über den menschenkörperplatzenden Platz der Republik bis zur Spitze des Magistratsturmes hinüber. Die versammelte Menge schaut zu ihr hinauf in gespannter Erwartung der bevorstehenden Darbietung, die Gesichter waagrecht in die Luft gehängt. Neben dir steht Comelli. Auch er schaut zur Tänzerin am Kathedralendachbuckel, er ist ein wenig ungeduldig geworden, wirft dem Mädchen Handzeichen hinauf, sie solle doch endlich beginnen. Sie aber gibt ihrerseits durch Zeichen zurückzuverstehen: nein. Was nein, zeigt der Direktor zu ihr hinauffragend zurück. Darauf gibt sie händeringend zur Antwort, man möge bitteschön doch dieses lästige ihr den Luftraum verstellende Seil wegnehmen. Comelli ist völlig verzweifelt, stellen Sie sich vor, sagt er, sie will heute zum erstenmal, ohne das Seil zu benützen, nicht auszudenken, wenn da was passiert! Aber Daniele wirft ihm jetzt ungefähr dahingehende zuversichtliche Zeichen zur Antwort herunter, er solle sich keine unnötigen Sorgen um sie machen, denn heute sei doch alles anders geworden, und da wolle nun endlich auch sie ganz anders. Finden Sie nicht auch, sagt darauf Comelli zu einem seiner Leute, daß sie dafür doch einfach noch viel zu jung ist; das kommt alles jetzt so überraschend, überhaupt wie ein Überfall, ganz unerwartet, und einige Jahre, so hätte ich mir vorgestellt, wird sie damit noch zuwarten, aber in einem solchen Alter kann man doch nicht schon mit diesen Sachen anfangen wollen, wohin solle denn das einmal noch führen? Herrisch wirft er ihr das befehlende Zeichen zurück: Seil, zuerst Seil! Sie aber gibt durchaus nicht auf und antwortet armeschwingend zurück: Nein, ohne Seil!, und mit dem Seil betrete ich keinen Fußbreit den Himmel, Seil weg, oder gar nichts! Was soll man da machen? fragt Comelli, völlig ratlos, das alles ist mir gar nicht recht. (. . .)

PETER HANDKE (1942)

„Ich bin auf die Welt gekommen.
Ich bin geworden. Ich bin gezeugt worden. Ich bin entstanden. Ich bin gewachsen. Ich bin geboren worden. Ich bin in das Geburtenregister eingetragen worden. Ich bin älter geworden.
Ich habe mich bewegt. Ich habe Teile meines Körpers bewegt. Ich habe meinen Körper bewegt. Ich habe mich auf der Stelle bewegt. Ich habe mich von der Stelle bewegt. Ich habe mich von einem Ort zum anderen bewegt. Ich habe mich bewegen müssen. Ich habe mich bewegen können.
Ich habe meinen Mund bewegt. Ich bin zu Sinnen gekommen. Ich habe mich bemerkbar gemacht. Ich habe geschrien. Ich habe gesprochen. Ich habe Geräusche gehört. Ich habe Geräusche unterschieden. Ich habe Geräusche erzeugt. Ich habe Laute erzeugt. Ich habe Töne erzeugt. Ich habe Töne, Geräusche und Laute erzeugen können. Ich habe sprechen können. Ich habe schreien können. Ich habe schweigen können.
Ich habe gesehen. Ich habe Gesehenes wiedergesehen. Ich bin zu Bewußtsein gekommen. Ich habe Gesehenes wiedererkannt. Ich habe Wiedergesehenes wiedererkannt. Ich habe wahrgenommen. Ich habe Wahrgenommenes wiederwahrgenommen. Ich bin zu Bewußtsein gekommen. Ich habe Wiederwahrgenommenes wiedererkannt.

. . .

Ich habe gelernt. Ich habe die Wörter gelernt. Ich habe die Zeitwörter gelernt. Ich habe den Unterschied zwischen sein und gewesen gelernt. Ich habe die Hauptwörter gelernt. Ich habe den Unterschied zwischen der Einzahl und der Mehrzahl gelernt. Ich habe die Umstandswörter gelernt. Ich habe den Unterschied zwischen hier und dort gelernt. Ich habe die hinweisenden Wörter gelernt. Ich habe den Unterschied zwischen diesem und jenem gelernt. Ich habe die Eigenschaftswörter gelernt. Ich habe den Unterschied zwischen gut und böse gelernt. Ich habe die besitzanzeigenden Wörter gelernt. Ich habe den Unterschied zwischen mein und dein gelernt. Ich habe einen Wortschatz erworben.
Ich bin der Gegenstand von Sätzen geworden. Ich bin die Ergänzung von Sätzen geworden. Ich bin der Gegenstand und die Ergänzung von Hauptsätzen und Nebensätzen geworden. Ich bin eine Mundbewegung geworden. Ich bin eine Aneinanderreihung von Buchstaben geworden.
Ich habe meinen Namen gesagt. Ich habe ich gesagt. Ich bin auf allen vieren gekrochen. Ich bin gelaufen. Ich bin auf etwas zugelaufen. Ich bin vor etwas davongelaufen. Ich habe mich aufgerichtet. Ich bin aus der Leideform getreten. Ich bin aktiv geworden. Ich bin im annähernd rechten Winkel zur Erde gegangen. Ich bin gesprungen. Ich habe der Schwerkraft getrotzt. Ich habe gelernt, meine Notdurft außerhalb der Kleidung zu verrichten. Ich habe gelernt, meinen Körper unter meine Gewalt zu bekommen. Ich habe gelernt, mich zu beherrschen.
Ich habe zu können gelernt. Ich habe können. Ich habe wollen können. Ich habe auf zwei Beinen gehen können. Ich habe auf den Händen gehen können. Ich habe bleiben können. Ich habe stehenbleiben können. Ich habe liegenbleiben können. Ich habe auf dem Bauch kriechen können. Ich habe mich tot stellen können. Ich habe den Atem anhalten können. Ich habe mich töten können. Ich habe ausspucken können. Ich habe nicken können. Ich habe verneinen können. Ich habe Gesten vollführen können. Ich habe fragen können. Ich habe Fragen beantworten können. Ich habe nachahmen können. Ich habe einem Beispiel folgen können. Ich habe spielen können. Ich habe etwas tun können. Ich habe etwas lassen können. Ich habe Gegenstände zerstören können. Ich habe Gegenstände mit anderen Gegenständen vergleichen können. Ich habe mir Gegenstände vorstellen können. Ich habe Gegenstände sprechen können. Ich habe ü b e r Gegenstände sprechen können. Ich habe mich an Gegenstände erinnern können.

. . .

Ich bin nicht, was ich gewesen bin. Ich bin nicht gewesen, wie ich hätte sein sollen. Ich bin nicht geworden, was ich hätte werden sollen. Ich habe nicht gehalten, was ich hätte halten sollen.
Ich bin ins Theater gegangen. Ich habe dieses Stück gehört. Ich habe dieses Stück gesprochen. Ich habe dieses Stück geschrieben.
Ich werde es nie wieder tun."
(Aus: „Selbstbezichtigung", Suhrkamp Verlag, Frankfurt am Main 1966.)

Peter Handke

Wunschloses Unglück

(Ausschnitt)

Meine Mutter wurde nun aber nicht endgültig etwas Verschüchtertes, Wesenloses. Sie fing an, sich zu behaupten. Weil sie sich nicht mehr zu zerfransen brauchte, kam sie allmählich zu sich. Die Flattrigkeit legte sich. Sie zeigte den Leuten das Gesicht, mit dem sie sich halbwegs wohl fühlte.

Sie las Zeitungen, noch lieber Bücher, wo sie die Geschichten mit dem eigenen Lebenslauf vergleichen konnte. Sie las mit mir mit, zuerst Fallada, Knut Hamsun, Dostojewski, Maxim Gorki, dann Thomas Wolfe und William Faulkner. Sie äußerte nichts Druckreifes darüber, erzählte nur nach, was ihr besonders aufgefallen war. „So bin ich aber doch nicht", sagte sie manchmal, als hätte der jeweilige Autor *sie* höchstpersönlich beschrieben. Sie las jedes Buch als Beschreibung des eigenen Lebens, lebte dabei auf; rückte mit dem Lesen zum ersten Mal mit sich selber heraus; lernte, von *sich* zu reden; mit jedem Buch fiel ihr mehr dazu ein. So erfuhr ich allmählich etwas von ihr.

Bisher hatte sie sich selber nervös gemacht, die eigene Gegenwart war ihr unbehaglich; beim Lesen und Reden nun versank sie und tauchte mit einem neuen Selbstgefühl wieder auf. „Ich werde noch einmal jung dabei." Freilich las sie die Bücher nur als Geschichten aus der Vergangenheit, niemals als Zukunftsträume; sie fand darin alles Versäumte, das sie nie mehr nachholen würde. Sie selber hatte sich jede Zukunft schon zu früh aus dem Kopf geschlagen. So war der zweite Frühling jetzt eigentlich nur eine Verklärung dessen, was man einmal mitgemacht hatte.

Die Literatur brachte ihr nicht bei, von jetzt an an sich selber zu denken, sondern beschrieb ihr, daß es dafür inzwischen zu spät war. Sie HÄTTE eine Rolle spielen KÖNNEN. Nun dachte sie höchstens AUCH EINMAL an sich selber und genehmigte sich also ab und zu beim Einkaufen im Gasthaus einen Kaffee, kümmerte sich nicht mehr so SEHR darum, was die Leute dazu meinten.

Sie wurde nachsichtig zum Ehemann, ließ ihn ausreden; stoppte ihn nicht mehr schon beim ersten Satz mit dem allzu heftigen Nicken, das ihm gleich das Wort aus dem Mund nahm. Sie hatte Mitleid mit ihm, war überhaupt oft wehrlos vor lauter Mitleid — wenn der andere auch gar nicht litt, man sich ihn vielleicht nur in der Umgebung eines Gegenstandes vorstellte, der einem ganz besonders die überstandene eigene Verzweiflung bezeichnete: einer Waschschüssel mit abgesprungenem Email, eines winzigen Elektrokochers, schwarz von der immer wieder übergegangenen Milch.

War einer der Angehörigen abwesend, kamen ihr von ihm nur noch Einsamkeitsbilder; nicht mehr bei ihr zu Hause, konnte er nur ganz allein sein. Kälte, Hunger, Anfeindungen: und sie war dafür verantwortlich. Auch den verachteten Ehemann schloß sie in diese Schuldgefühle ein, sorgte sich ernsthaft um ihn, wenn er ohne sie auskommen mußte; sogar im Krankenhaus, wo sie öfter war, einmal mit Krebsverdacht, lag sie mit schlechtem Gewissen, weil der Mann zu Hause inzwischen wahrscheinlich nur Kaltes aß.

Vor Mitgefühl für den andern, von ihr Getrennten, fühlte sie sich selber nie einsam; eine schnell vorübergehende Verlassenheit nur, wenn er sich ihr wieder aufhalste; die unüberwindliche Abneigung vor dem hängenden Hosenboden, den geknickten Knien. „Ich möchte zu einem Menschen hinaufschauen können"; jedenfalls war es nichts, jemanden immer nur verachten zu müssen. Dieser spürbare Überdruß schon bei der eröffnenden Geste, im Laufe der Jahre verwandelt in ein geduldiges Sich-zurecht-Setzen, in ein höfliches Aufblicken von einer Sache, mit der sie sich gerade beschäftigte, knickten den Mann nur noch mehr. KNIEWEICH hatte sie ihn immer genannt. Oft machte er den Fehler, sie zu fragen, warum sie ihn denn nicht leiden könne — natürlich antwortete sie jedesmal: „Wie kommst du denn darauf?" Er ließ nicht nach und fragte sie wieder, ob er wirklich so abstoßend sei, und sie beschwichtigte ihn und verabscheute ihn darauf nur um so mehr. Daß sie zusammen älter wurden, rührte sie nicht, war aber nach außen hin beruhigend, weil er sich abgewöhnte, sie zu schlagen, und nicht mehr gegen sie anstank.

Von der Arbeit überanstrengt, bei der man ihm täglich die gleiche Schufterei abverlangte, bei der nichts herauskam, wurde er kränklich und sanft. Aus seinem Dösen erwachte er zu einer wirklichen

Einsamkeit, auf die sie aber nur in seiner Abwesenheit antworten konnte.

Sie hatten sich nicht auseinandergelebt; denn sie waren nie richtig zusammen gewesen. Ein Briefsatz: „Mein Mann ist ruhig geworden." Auch sie lebte ruhiger mit ihm, selbstbewußt bei dem Gedanken, daß sie ihm ein lebenslanges Geheimnis blieb. (...)

Es stimmt nicht, daß mir das Schreiben genützt hat. In den Wochen, in denen ich mich mit der Geschichte beschäftigte, hörte auch die Geschichte nicht auf, mich zu beschäftigen. Das Schreiben war nicht, wie ich am Anfang noch glaubte, eine Erinnerung an eine abgeschlossene Periode meines Lebens, sondern nur ein ständiges Gehabe von Erinnerung in der Form von Sätzen, die ein Abstandnehmen bloß behaupteten. Noch immer wache ich in der Nacht manchmal schlagartig auf, wie von innen her mit einem ganz leichten Anstupfen aus dem Schlaf gestoßen, und erlebe, wie ich bei angehaltenem Atem vor Grausen von einer Sekunde zur andern leibhaftig verfaule. Die Luft steht im Dunkeln so still, daß mir alle Dinge aus dem Gleichgewicht geraten und losgerissen erscheinen. Sie treiben nur eben noch ohne Schwerpunkt lautlos ein bißchen herum und werden gleich endgültig von überall niederstürzen und mich ersticken. In diesen Angststürmen wird man magnetisch wie ein verwesendes Vieh, und anders als im interesselosen Wohlgefallen, wo alle Gefühle frei miteinander spielen, bestürmt einen dann zwanghaft das interesselose, objektive Entsetzen.

Natürlich ist das Beschreiben ein bloßer Erinnerungsvorgang; aber es bannt andrerseits auch nichts für das nächste Mal, gewinnt nur aus den Angstzuständen durch den Versuch einer Annäherung mit möglichst entsprechenden Formulierungen eine kleine Lust, produziert aus der Schreckens- eine Erinnerungsseligkeit.

Tagsüber habe ich oft das Gefühl, beobachtet zu werden. Ich mache Türen auf und schaue nach. Jedes Geräusch empfinde ich zunächst als einen Anschlag auf mich.

Manchmal bin ich freilich während der Arbeit an der Geschichte all der Offenheit und Ehrlichkeit überdrüssig gewesen und habe mich danach ge-

sehnt, bald wieder etwas zu schreiben, wobei ich auch ein bißchen lügen und mich verstellen könnte, zum Beispiel ein Theaterstück.

Einmal ist mir beim Brotschneiden das Messer abgerutscht, und mir kam sofort wieder zu Bewußtsein, wie sie den Kindern am Morgen kleine Brotstücke in die warme Milch geschnitten hatte.

Mit ihrem Speichel reinigte sie den Kindern oft im Vorübergehen schnell Nasenlöcher und Ohren. Ich zuckte immer zurück, der Speichelgeruch war mir unangenehm.

In einer Gesellschaft, die eine Bergwanderung machte, wollte sie einmal beiseitegehen, um die Notdurft zu verrichten. Ich schämte mich ihrer und heulte, da hielt sie sich zurück.

Im Krankenhaus lag sie immer unter vielen in großen Sälen. Ja, das gibt es noch! Sie drückte mir dort einmal lange die Hand.

Wenn alle versorgt waren und fertig gegessen hatten, steckte sie sich jeweils kokett die übriggebliebenen Rinden in den Mund.

(Natürlich sind das Anekdoten. Aber wissenschaftliche Ableitungen wären in diesem Zusammenhang genauso anekdotisch. Die Ausdrücke sind alle zu milde.)

Die Eierlikörflasche in der Kredenz!

Die schmerzliche Erinnerung an sie bei den täglichen Handgriffen, vor allem in der Küche.

Im Zorn schlug sie die Kinder nicht, sondern schneuzte ihnen höchstens heftig die Nase.

Todesangst, wenn man in der Nacht aufwacht, und das Licht im Flur brennt.

Vor einigen Jahren hatte ich den Plan, mit allen Mitgliedern der Familie einen Abenteuerfilm zu drehen, der mit ihnen persönlich gar nichts zu tun hätte.

Als Kind war sie mondsüchtig.

Gerade an den *Wochen*tagen ihres Todes sind mir in der ersten Zeit ihre Todeswehen besonders lebendig geworden. Schmerzhaft hat es jeden Freitag zu dämmern angefangen und wurde dunkel. Die gelbe Dorfstraßenbeleuchtung im Nachtnebel; schmutziger Schnee und Kanalgestank; verschränkte Arme im Fernsehsessel; die letzte Klospülung, zweimal.

Oft habe ich bei der Arbeit an der Geschichte gespürt, daß es den Ereignissen besser entsprechen würde, Musik zu schreiben. Sweet New England...

„Es gibt vielleicht neue, ungeahnte Arten der Verzweiflung, die wir nicht kennen", sagte ein Dorfschullehrer in der Kriminalfilm-Serie „Der Kommissar".

In allen Musikboxen der Gegend gab es eine Platte mit dem Titel WELTVERDRUSS-POLKA.

PETER TURRINI (1944)

Peter Turrini ist der Sozialkritiker unter den Kärntner Autoren. Bereits in seinen (Dialekt-)Stücken „Sauschlachten" (1972) und „Rozznjogd" (Rattenjagd, 1973) entlarvt er die Scheinheiligkeit und Grausamkeit des österreichischen Alltags im Arbeiter- wie im Bauernmilieu. „Rozznjogd", von dem es — wie auch von den anderen Dialektstücken — eine hochdeutsche Fassung gibt, hat bis heute auf den Theatern enormen Erfolg, wohl weil es in der Darstellung einer krassen Situation viel vom Lebensekel der 50er und 60er Jahre wiedergibt: ein junger Mann bringt seine Freundin im Auto zur Müllhalde, teils um ihr durch Abschießen von Ratten zu imponieren, teils um sich selbst abzureagieren. Dabei kommt es zur völligen inneren und in der Folge auch zur äußeren Entblößung, zur Abreaktion von Komplexen und Ängsten und zur Suche nach dem menschlichen Kern: aber alles ist Versatzstück der Gesellschaft, Müllhalde. Als Dramatiker konnte sich Turrini sehr gut auf seinen zweiten Schwerpunkt vorbereiten: den Fernsehfilm. Die gemeinsam mit Walter Pevny geschriebene sechsteilige „Alpensaga" wurde zu einer gewaltigen, man könnte sagen epochalen Aufarbeitung der österreichischen Sozial- und politischen Geschichte von der Jahrhundertwende bis zur Gegenwart, die tatsächlich nur in einer Zeit der freisinnigen Regierung eines Bundeskanzlers Kreisky möglich war (dem Turrini dann auch einen „Bildband" widmete). Der Autor versuchte sich auch mit einem Roman („Erlebnisse in der Mundhöhle", 1972), der allerdings epigonal blieb (Assoziationstechnik à la Wiener und Beckett). Wichtiger ist seine Lyrik, die ihn auch mit dem Publikum stärker in Kontakt bringt, ein Phänomen, das man als schöpferische Bedingung für Turrini ansehen könnte; er nimmt seine Motive, seine Themen aus der öffentlichen Diskussion (Reden über Österreich), ist ein Sprachrohr weniger der politischen Linken, als vielmehr jener, die sich nahezu selbstlos dafür einsetzen, daß unsere Welt bewohnbar bleibt oder es wieder wird. Seine Lyrik ist durch lapidares Erzählen öffentlich tabuisierter Dinge charakterisiert, ein Musterbeispiel für moderne Aufklärungslyrik im doppelten Sinne, wobei Turrini immer von selbsterlebten, schmerzhaften Ereignissen ausgeht und somit am eigenen Beispiel demonstriert.

Peter Turrini

Die Kindheit ist ein schreckliches Reich.
Die Hände, die dich streicheln, schlagen dich.
Der Mund, der dich tröstet, brüllt dich an.
Die Arme, die dich hochheben, erdrücken dich.
Die Ohren, die dir zuhören, verstehen alles falsch.
Die Decke, die dich wärmt, gehört deinem älteren Bruder.
Die Wand, der du ein farbiges Zeichen von dir gibst,
wird einmal im Jahr übermalt.
Der Satz, den du endlich sagst, ist kindisch.

Wenn du mit deinen Sätzen und Zeichen
woanders hingehen willst,
dann heißt es,
das geht die fremden Leute nichts an.
Wohin soll ich gehen,
wenn die eigenen Leute
so fremd zu mir sind?

Ich gehe nirgendwohin.

Peter Turrini

Mein älterer Bruder
schlief auf einem Notbett in der Speis.
Mein jüngerer Bruder und ich
schliefen mit den Eltern
in einem Zimmer.
Manchmal erwachte ich durch ein Geräusch.
Es klang wie Jammer und Reiben.
Wie Weinen und Stoßen.
Wie Keuchen und Drücken.
Es wurde immer heftiger
und erfüllte den dunklen Raum.

Es klang als würde mein Vater schlagen.
Es klang als würde meine Mutter erschlagen.
Dieser Kampf endete mit einer plötzlichen Stille.
Ich hielt den Atem an
und drückte die Hand auf meine Brust.
Das laute Pochen meines Herzens
durfte mich nicht verraten.

Peter Turrini

Einmal im Jahr
fuhren wir zu Frank & Werner nach Klagenfurt
einkaufen.
Um mich von den Bauernkindern abzuheben
kaufte mir meine Mutter etwas Anständiges.
Ich bekam
ein Nylonhemd
eine Fliege zum Anstecken
weiße Stutzen
praktische Bergschuhe
eine Knickerbocker
und einen roten Kopf
beim Versuch die Hose zu schließen.

Der Verkäufer nahm den Hosenbund
verschloß ihn mit aller Gewalt
und lächelte meine Mutter an.

Peter Turrini

Meine Freunde vergewaltigten eine Klosterschülerin.
Sie zogen sie beim Sonntagsspaziergang in den Wald.
Steckten ihr eine Kartoffel in den Mund.
Kitzelten sie.
Versprachen ihr fünf Schilling und ein Fahrrad.
Trieben ihr einen Tannenzapfen zwischen die Beine.
Zündeten ihre Unterhose an
und löschten den Brand mit Urin.
Ich hielt mich in der Nähe versteckt
schwieg
und beobachtete alles.

Eine Woche später
während der Kindermesse
steckte ich der Klosterschülerin ein Gedicht zu.
Ich habe es aus dem Deutschbuch
meines älteren Bruders abgeschrieben.
„So mancher Mensch vergeht vor Schmerz
weil er die bösen Menschen flucht.
Drum sieht er nicht das eine Herz
das ihn mit warmen Blicken sucht."
Sie hat mir nie geantwortet.
Ich hätte ihr soviel zu sagen gewußt.
Ich hätte ihr alles erzählt
was ich bisher über die Liebe gelesen habe.
Nur auf eine Frage
hätte ich ihr nichts sagen können:

warum ich ihr nicht geholfen habe.

Peter Turrini

Im finsteren Holzklo
unseres alten Hauses
feierte ich meinen Eintritt
in die Männlichkeit.
In der einen Hand hielt ich
eine schwach leuchtende Taschenlampe.
Ihr zitternder Strahl
war auf einen Katalog für Bademoden
Sommerkollektion 1958
Firma Warmuth Villach
gerichtet.
In der anderen Hand
hielt ich
nach zehn schwitzenden Minuten
das Ergebnis meiner Anstrengung.

Dieses Gefühl
Sieger eines Rennens zu sein
war durch nichts zu trüben.
Nicht einmal
durch die allgemeine Prophezeiung
auf Rückenmarksschwund.

Peter Turrini

Der Besuch
meines italienischen Großvaters
kündigte sich nicht brieflich an
sondern so:

Die Kellnerin des Dorfgasthauses
kam aufgeregt ins Haus
und sagte keuchend
der Herr Opa aus Italien
sitzt betrunken im Gasthaus.

Kurz darauf
kam mein Großvater
wankend durch die Gartentüre
legte seine Hand auf meine Schulter
und schenkte mir eine Zigarre.

Das österreichische Bier
sagte er lachend zu meinem Vater
ist das beste.
Er drehte sich um
und pischte mitten im Hof.

Meine Mutter
schaute nicht ihn
sondern meinen Vater
mit einem strafenden Blick an.

BERNHARD C. BÜNKER
(1948)

Der Sohn eines Oberkärntner Pastors und Mundart-dichters (Otto Bünker) wurde zwar in der Steiermark geboren (Leoben), kam aber bald nach der Geburt nach Kärnten. Zeitweise lebte er in Wien, hat aber in beinahe allen seinen Äußerungen auf Kärnten und seine engere Heimat Bezug genommen. Er richtet sich gegen den Konservativismus und die Verhärtung von moralischen und religiösen Formen auf der einen Seite, auf der anderen gegen die Verbetonierung des ländlichen Raumes und den Ausverkauf in Tourismus und Kommerz. Er schreibt Dialekt, wohl um den Menschen seiner Heimat zu entsprechen, das heißt, Dialekt ist die Sprache, in der einzig und allein jene Poesie transportierbar ist, die Bünker geben kann. „De ausvakafte Hamat" (Die ausverkaufte Heimat) 1975, „An Heabst fia di" (Einen Herbst für dich) 1976, „Ongst vua da Ongst" (Angst vor der Angst), „Wal's de Hamat is" (Weil es die Heimat ist) 1979, „Vom Schteabn und Traurigsein" (Vom Sterben und Traurigsein) und „Des Schtickl gea i allan" (Das Stück geh' ich allein) sind die Titel der Gedichtbände, die von ihm vorliegen und in denen er eine grandiose Poesie schuf, die ein anderes „Dialekt-Kärnten" zum Vorschein kommen läßt als es die Massenkultur der diversen Folklore-Verbände zeigt. Die Kärntner Seele wird hier direkt Sprache.

Bernhard C. Bünker

Ohne di

Beim Sea
is jetza ohne di
so schtüll —
Da Blattlwold
is olt vom Summa
Lei da Himml
hänkt sein grauen Rock
iba de hoachn Bam —
Wia dirre Äst
im Obstbam
homma unsa Liab ausgschnittn —
Ausgschittet wia a Obwoschwossa
mit an Sülbaleffl drin
um den ma blean
untn beim Sea
jeda fia sich allan . . .

Bernhard C. Bünker

Fia mei slowenische Freindin

Heit is dei Gsicht
valoan gongen
long bevua da Nebl
in da Sun vafault is —
I wollt
wia hättn nia
an Zaun
um unsa Glick gebaut —
es Junigros schteat hoch
in deine Augn
Aus deina Hondbewegung
follt a Woat
in ana fremdn Schproch . . .

111

Bernhard C. Bünker

Bohnhofsreste

Zehne Vuamittogs
Bohnhofsreste —
Es Schtrondguat
aus da gonzn Schtod
hots zommgwaht
bei de Tisch —
De Frauen
weand ongegriffn
gach von an
und gach von an ondan
A Rafarei
hänkt wia a Wetta
im Zigrettnrauch
Lei bis zan näxtn Achtalen
zan näxtn Bia
Und olle so allan
beim Greifn
beim Saufn
mit da Zigarettn
in de aufgschlogenen Händ
so allan . . .

Josef Winkler (1953)

Josef Winkler

Muttersprache

(Ausschnitt)

Von Alois Brandstetter gefördert, durch den Ingeborg-Bachmann-Preis (1979) bekanntgeworden, erlebt der Oberkärntner Romancier Josef Winkler wachsenden Ruhm. Seine Romantrilogie „Das wilde Kärnten" („Menschenkind", „Der Ackermann aus Kärnten" und „Muttersprache"), 1984, ist die (autobiographische) Aufarbeitung einer dörflichen Ontogenese, die Darstellung einer beschädigten Kindheit auf dem Lande und damit die Entlarvung der in der vermeintlich heilen Provinz herrschenden Unterdrückungsmechanismen (vgl. KLG 29). Ausgangspunkt dieser drei Romane — die in der thematischen, aber nicht methodischen Nachfolge von Innerhofers („Schöne Tage") und Thomas Bernhards Autobiographien stehen — ist der Selbstmord zweier Jugendlicher im Heimatort des Ich-Erzählers (des „Enznsepp"). Die Funktion der Sprache ist bei Winkler eminent; der Autor/Ich-Erzähler schreibt sich frei, indem er das Sprachmaterial fortwährend abklopft, durcharbeitet (Romanarbeit und Stallarbeit); wesentlich sind auch psychologische Momente (Ödipus-Konflikt, Narzißmus, Ambivalenzen), die vor dem Hintergrund modellhafter Bearbeitungen behandelt werden (Oscar Wilde, Plenzdorf u. a.). Weiters wird auch die geschichtliche Dimension eingebracht, aber nicht linear, wie bei Thomas Bernhard, sondern in Kunstfiguren, etwa in der Gestalt der Warwara Wassiljewna, die von den Nazis aus der Ukraine deportiert und als Magd („Menscher") nach Oberkärnten gebracht worden war. („Die Verschleppung. Njetotschka Iljaschenko erzählt ihre russische Kindheit", 1983). Zuletzt erschien „Der Leibeigene" (1987).

Die Magd sitzt auf dem Bett, hält den Rosenkranz in den Händen, das Haupt gehoben in Richtung Herrgottswinkel, und betet den Gekreuzigten an, während der lange Rosenkranz auf ihrem Schoß liegt wie eine Nabelschnur aus gefärbtem Elfenbein. Ein Kind hat sie nie bekommen, sie wird kinderlos sterben. Sie hat einen Bruder, der Priester geworden ist, und es ist ihr Bruder ihr Gott, ihr Geliebter, ihr Alles, und die Ratten sind ihr Nichts. Ratten mit Rosenkränzen um die Hälse schleifen ihre Nabelschnur über den Tennboden. Es kratzt, hackt, quietscht und die Bretter zittern. Die Nägel, mit denen sie zusammengehalten werden, befreien sich und werfen ihre Speere nach den Ratten, hie und da klebt eine an der Mauer mit aufgespreiztem Maul, mit auseinandergebreiteten Beinen, als wollte sie ihren Tod den Rattenbrüdern und Rattenschwestern verkünden. Unsere Magd, die Pine, kniet in der Ecke ihres Zimmers, und Gott betet. Sie öffnet und schließt die Augen. So viele Wunden hat sie in der Seele, daß Jesus am Kreuz neidig wird, niemand darf mehr leiden als er. Die Pine war ja meine erste lebende nackte Frau, die ich gesehen habe. Mein ganzes Leben wird mich ihr nackter Leib verfolgen. Damals trugen der Michl und ich Holz in die Sauküche, um den Wasserkessel einzuheizen. Mame, bring das Feuer, komm mit Holzspänen und Zündhölzern, öffne die Gatter des Ofens, über dem wie eine große Handschale der Kessel angebracht ist, dort drinnen, stellte ich mir vor, vom heißen Boden des Kessels immer wieder hochhüpfend zu baden, zu schreien, das heiße Wasser verbrennt meine Körperhaare, nackt ist mein Schoß, wie kahlgeschoren sieht er aus. Ich will die Hände heben, aber es sind dicke Dampfsäulen, die sich hilferufend wie zwei Hände hochstrecken. Vater, Mutter und meine Brüder tanzen um den Kessel, die Ratten und Mäuse, selbst die Schwalben und Fledermäuse sind zum offenen Fenster hereingekommen, überall hocken sie, auf meiner Schulter genauso wie auf meinem Kopf. Am Wasserhahn ist ein totes Küken festgebunden, Köpfchen nach unten, Füßchen nach oben, und das Gebirgswasser rinnt aus seinem Schnabel, wenn man ihm den Kragen wie einen Wasserhahn umdreht. Mein Körper schrumpft im Kesselwasser wie das Schwalbenkind in meinen Fäusten, das ich zusammendrücke, bis Blut über meine Finger läuft. Schau, Mame, ich blute, und während ich die Hand öffne und die Mutter nach Verbandszeug sucht, versuche ich zu fliehen, aber meine Schwester, die Martha, wird mich zurückhalten, sie wird dafür sorgen, daß ich in der Küche bleibe und meine Wunde verbunden wird. Ich will mich ihr entreißen, nein, ich darf euch nicht zeigen, daß ich schwindle, es ist nur Schwalbenblut, laß mich los, sonst beschmiere ich dich mit dem Blut des Schwalbenjungen, laß mich los, sonst färb ich deine Zöpfe rot und winde die Beine der Schwalbe in deine Zöpfe, verknote sie und jag dich über die Dorfstraße. Laß mich los, oder ich sag der Mame, daß ich gestern in deinem Bett Blutflecken sah, laß mich los. Während die Mutter mit Verbandszeug und Zwirn, einer Mullbinde und Leukoplast erhobenen Kopfes langsam mit dem Stolz einer Chirurgin, die weiß, daß sie fähig ist, Menschenleben zu retten, auf mich zukommt, schwillt mir der Kopf vor Zorn und Verachtung, Laß mich los, aber schon ist es die Mutter, die mich am anderen Arm festhält, Nein, ich will nicht verbunden werden, laß mich bluten. Laßt mich allein, ich will mit der Schwalbe allein sein. Gestern noch habe ich Steine geworfen, heute ist der Tag, wo ich Wunden verbinde, morgen werde ich wieder morden, um wieder heilen zu können. Du und die Mullbinde. Ich und das Kruzifix. Am Weihnachtstag wirst du ihn auf die Welt bringen, Mame, ich werde dich mit roten Fleischblumen begrüßen und dir einen Kuß auf die Stirn und auf den Mund geben, aus Dank, daß du mein Jesukind auf die Welt gebracht hast.

Es ist jetzt, während ich schreibe, Vorweihnachten, und in jeder Jahreszeit versetze ich mich in die Jahreszeit meiner Kindheit und Jugend und schreibe der Vergangenheit entgegen. Ich sehe die Kinder in den Sandkästen spielen. Ich stelle mir vor, wie ich zu ihnen gehe. Das eine Kind will mich verjagen, und das andere will, daß ich mitspiele. Dem Kind, das mich verjagen will, möchte ich von der Aichholzeroma erzählen. Ich will ihm sagen, daß ich damals drei Jahre alt war, so wie du jetzt drei Jahre alt bist. Stell dir jemanden vor, der dich jetzt

in die Höhe hebt und dir in einem immergrüngeschmückten Sarg deine Großmutter zeigt. Stell dir vor, daß dich jetzt deine Mutter in die Höhe hebt, und du erblickst mich in diesem immergrüngeschmückten Sarg liegend. Du willst mich aufwecken und sagen, Gehen wir Sandspielen, bauen wir Burgen und Schlösser und lassen dann und wann, wenn uns niemand zusieht, eine Handvoll Sand in den Mund verschwinden, kauen den Sand und hören das Knirschen, das uns ein wenig Angst macht, und deshalb spucken wir einen Teil aus, den anderen Teil aber wollen wir hinunteressen, und die langen dünnen Finger der Speiseröhre werden in unseren Mägen Burgen und Schlösser bauen. Ich erzähl dir die grausigen Märchen, die mir erzählt worden sind. Ich erzähl dir die Sage vom Rübezahl, den ich verachtete, weil er groß war. Alle die groß waren, verachtete ich, nur die Kleinen, den Däumling und die Zwerge und die Liliputaner, liebte ich, auf sie hörte ich, sie nagten an den Wurzeln und wußten mehr als einer, der die Häuser des Dorfes mit einem Ausscheren des Fußes überschreiten konnte. Ich erzähl dir von Hänsel und Gretel, die sich in den Wald verliefen. Ich vertraue dir meinen Wunsch an, daß die Hexe den Hänsel essen möge, damit ich die Hexe ermorden kann. Ich schleiche ins Kreißsaalzimmer meiner Mutter und sage ihr, daß sie die Beine öffnen soll, sie hat einen Bauch wie der Wolf, der die Großmutter fraß. Schwer atmend, wie der Wolf, liegt meine Mutter im Bett. Die Gote sagte mir, daß in ein paar Tagen der Storch kommen wird, daß er ein Kind in den Rauchfang fallen lassen wird. Rußgeschwärzt wird sein Gesicht sein, heiß seine Haut wie die Ziegel im Inneren des Schornsteins. Ich werde den kleinen, lieben Neger vom Staub des schwarzen Rußes befreien, sein Sklave will ich werden, ihm die Füße, Hände und den kotbeschmierten Arsch säubern. Aber ich glaubte der Gote nicht. Ich hatte im Stall eine schwangere Kuh gesehen. Ich hatte geholfen, den blutigen Strick zu ziehen, und plumpsend hatte das Kalb vor meinen Kinderfüßen gelegen, vor den Füßen meines Vaters, der aus Freude weinte, vor den Füßen der Pine, die nach hinten auswich, ein wenig erschrocken, aber auch ihr, die nur das Kruzifix und die Tiere liebte, rannen die Tränen über die Wangen. Ein Kalb ward uns geboren. Mein Bruder Michl ist Melchior. Ich bin Kaspar. Der Siege ist Balthasar. Wir werden der Kuh Weihrauch und Myrrhe bringen und Goldschätze aus der Brieftasche des Vaters. Das Kalb, das sich nun am Boden wälzt und dem allmählich Schleim und Blut auf dem scheckig braunen Fell trocknen, schlägt die Augen auf und erblickt mich als ersten Menschen. Ich möchte sagen können, wie mich das Kalb, als es seine Augen öffnete, sah, Ich erblickte ein neugeborenes Kind, das starb und in einem zündholzschachtelgroßen Sarg in die Erde gelassen wurde, nein, nicht mit einem Kalbstrick, den der Totengräber in seinem Rucksack verborgen hält, mit den Nabelstricken, lang genug, um ein neugeborenes Kind in die Erde hinunterzulassen. Das Ewige Licht gib uns heute, steht auf der Zündholzschachtel seines Sarges, Fiammifero luce santa. Auf der linken und rechten Seite sind die Reibflächen, damit zu jeder Todesstunde das Ewige Licht angefacht werden kann. Die Zündholzschachtel brennt, und eine Phiole Asche kommt aus dem Ofen. Ein Kreuz am Aschermittwoch auf unsere Stirn aus der Asche eines toten Kindes. Die Phiole leert sich. Blasiussegen des Priesters. Ich hielt die übers Kreuz gelegten Kerzen in den Händen und gab mit Hilfe des Priesters den Gläubigen den Blasiussegen. Er sprach lateinische Worte, und ich nickte wohlwollend dazu. Die Flamme verbeugte sich vor dem Priester und seiner Sprache. Blasiussegen für die Lebendigen, Blasiussegen für die Toten, Blasiussegen für die Haustiere, Blasiussegen für alle. Den Leib Christi für alle, langsam auf der Zunge zergehen lassen, er geht sofort ins Blut über, Weihwasser für alle, für die Tiere und für die Menschen. Ich trank damals Weihwasser. Aufbewahrt wurde es dort, wo Essig und Öl, wo manchmal eine halbvolle Flasche Wein stand, wo die Büffelpaste für den neuen Boden aufbewahrt war und die vom eingetrockneten Fett erstarrten Putzfetzen. Eingefettet habe ich den Boden, fettig gemacht in der Hoffnung, daß jemand ausrutscht und ich in jener Sekunde zur Stelle bin und denjenigen auffange und er sich bedankt, Hättest du mich nicht aufgefangen, ich hätte mir vielleicht das Bein gebrochen oder die Hand oder den Hals. Weihwasser trank ich und glaubte an die Kraft Gottes, ich bat ihn, daß er meinen Leib und meine Seele mein ganzes Leben gesund erhalten möge, aber manchmal wünschte ich mir umgekehrt, bald zu sterben, um

endlich geliebt zu werden. Immer nur soll ich mich in die Strohpuppe, ins Kruzifix, in die Maria, die ihren toten Sohn Jesus auf dem Schoß hält, verlieben, immer nur in die toten Gestalten, in die Hostien soll ich mich verlieben, in sie hineinbeißen. Ich soll mich wundern, warum kein Blut herausrinnt, obwohl ich in meinen Träumen die Vorstellung habe, daß aus diesem weißen Mehlblatt das Blut Christi herausrinnt, und ich spüre seinen Geschmack auf meinem Gaumen und an meiner Zunge, wache auf und schreie nach der Mutter. Auch meine Mutter trank Weihwasser und blickte lange vor sich hin. Sie ißt so viele Tabletten, jeden Tag, mehr als Brot, vielleicht bittet auch sie weihwassertrinkend den Herrgott, daß er ihr einen gesunden Leib und eine gesunde Seele schenken möge. Vielleicht denkt sie aber auch an ihren großen Bauch und wünscht sich wenigstens ein gesundes Kind, wenn auch ihr Körper von Tabletten verseucht und krank ist. Hat meine Mutter den Wolf aus dem Märchenbuch gefressen, weil sie einen so großen Bauch hat? Der Priester hat von einem Paradies gesprochen, vom Leben nach dem fleischlichen Tod, es soll so schön dort sein, es ist für mich wohl besser, ich gehe hinüber zu den anderen, die mich lieben, wenn ich am Leben, und nicht erst, wenn ich tot bin, Mame, ich geh rüber auf die andere Seite, geh du ein Stückchen mit, gehn wir rüber auf die andere Seite der Drau, wo die Fischer am Ufer stehen und unter ihren grünen Stiefeln das seelendünne Eis klirren lassen. Darunter ist ein grüner Frosch, und der grüne Fischerstiefel tritt auf den grünen Frosch, und zwei Farben liegen platt übereinander. Der Frosch spreizt sein Maul und verschluckt die Erdkugel, auf der wir, meine Mutter und ich, leben. Fischer! Tritt fester, er darf die Erdkugel nicht verschlingen, ich will nicht im Bauch eines Frosches leben, bring ihn um, töte das Tier, wenn es den Menschen verschlingen will, töte den Menschen, wenn er das Tier verschlungen hat, nein, töte ihn nicht, die Seele des Menschen stirbt, wenn er ein Tier im Magen hat, nur wenn du Hunger hast, bist du fähig, wirklich grauenvoll zu denken und zu leben. Ja, sie wollen das schönste Kind des Dorfes zu Grabe tragen. Alle würden sie spenden, alle brächten meiner im Blau der Kindertrauer gekleideten Mutter Zucker, brächten ihr Salz, brächten ihr vor allem Lindekaffee, den Kaffee, auf dessen Probepackung ein Herzkaspar abgebildet ist, denn zuviel Kaffeetrinken tut nicht gut. Mein Bruder, der Michl steht in der Dorfmitte und ruft, Spenden für das Totenkleid meines schönen Bruders, Almosen! denn das Totenkleid, das aus reiner Seide und mit Goldnähten verziert ist, war teuer, der Kopf eines Stiers ist dafür gefallen, lange wurde er gefüttert, lange schlug man auf ihn ein, bis er tot war.

(. . .)

Biografien der Kärntner Dichter

BACHMANN, INGEBORG: geboren am 25. 6. 1926 in Klagenfurt, Studium der Philosophie, Germanistik und Psychologie in Wien, 1950 Promotion in Philosophie („Die kritische Aufnahme der Existenzphilosophie Martin Heideggers"), Mitarbeiterin beim Österreichischen Rundfunk, seit 1953 vorwiegend in Italien (Rom). Dort starb sie am 17. 10. 1973. Begraben wurde sie in Klagenfurt, Friedhof Annabichl. Büchner-Preis-Trägerin. Trägerin des Großen Österreichischen Staatspreises.

BÜNKER, BERNHARD C.: geboren am 14. 8. 1948 in Leoben/Steiermark, kam bald nach der Geburt nach Oberkärnten, wo sein Vater das Amt eines evangelischen Pfarrers ausübt. Lebt hauptsächlich in Wien, wo er an Filmproduktionen mitarbeitet.

GUTTENBRUNNER, MICHAEL: geboren am 7. 9. 1919 in Althofen in Kärnten, Teilnahme am 2. Weltkrieg, lebt als freier Schriftsteller in Wien. Träger des Trakl-Preises, des Großen Österreichischen Staatspreises und des Kulturpreises des Landes Kärnten.

HANDKE, PETER: geboren am 6. 12. 1942 in Griffen/Grebinj (Kärnten), Besuch des Gymnasiums in Tanzenberg und Klagenfurt, Studium der Rechte in Graz, nach seinen ersten literarischen Erfolgen Abbruch des Studiums, lebt seit 1966 als freier Schriftsteller mit wechselndem Wohnsitz (BRD, Paris, Salzburg). Georg-Büchner-Preisträger, Großer Österreichischer Staatspreis und Kulturpreis des Landes Kärnten.

JANUŠ, GUSTAV: geboren am 19. 9. 1939 in Zell Pfarre/Sele (bei Ferlach, Kärnten), Gymnasium in Tanzenberg, Lehrerbildungsanstalt Klagenfurt, Lehrer in St. Jakob im Rosental/Št. Jakob v Rožu, Petrarca-Preisträger 1984, Preisträger der France-Prešeren-Stiftung 1985.

JONKE, GERT FRIEDRICH: geboren am 8. 2. 1946 in Klagenfurt, Studium an der Akademie für Film und Fernsehen in Wien, viele Reisen und Auslandsaufenthalte, Träger des Ingeborg-Bachmann-Preises der Stadt Klagenfurt, lebt zur Zeit in Klagenfurt.

LAVANT, CHRISTINE: geboren am 4. 7. 1915 in Großedling bei St. Stefan, Kärnten, neuntes Kind des Bergarbeiters Georg Thonhauser und seiner Frau Anna; ihre Kindheit ist durch schwere Krankheiten geprägt. Volksschule in St. Stefan, der Besuch der Hauptschule in Wolfsberg muß wegen des langen Schulweges abgebrochen werden, später Beschäftigung mit häuslichen Arbeiten (Malen, Stricken). Wegen Depressionen Aufenthalte im Landeskrankenhaus Klagenfurt, 1937 lernt sie ihren späteren Mann Josef B. Habernig kennen, der ein nicht unbekannter Kärntner Landschaftsmaler ist. 1950 Dichterlesung in St. Veit/Glan, wo sie den Maler Werner Berg kennenlernt. 1954 erhält sie den Georg-Trakl-Preis (gemeinsam mit Christine Busta). 1957 Reise nach Istanbul, 1964 Trakl-Preis, 1970 Großer Österreichischer Staatspreis für Literatur. Am 6. Juni 1973 stirbt sie nach einem Schlaganfall im Landeskrankenhaus Wolfsberg.

LIPUŠ, FLORJAN: geboren am 4. 5. 1937 in Lobnig bei Eisenkappel/Lobnik pri Železni Kapli in Unterkärnten, er maturiert 1958 in Tanzenberg und studiert danach vier Jahre Theologie; 1966 schließt er die Lehrerbildungsanstalt in Klagenfurt ab, seitdem ist er Lehrer bzw. Volksschuldirektor in St. Philippen/Št. Lipš. Träger des Preises der Prešeren-Stiftung 1975.

MUSIL, ROBERT (Edler von): geboren am 6. November 1880 in Klagenfurt, Bahnhofstraße 50 (heute: Robert-Musil-Archiv), 1881 Umzug der Familie nach Komotau und kurz darauf nach Steyr (Oberösterreich), wo Musil die Volksschule an der Promenade besuchte. 1891 Umzug der Familie nach Brünn (Mähren), Musils Vater wird ord. Professor für Maschinenbau an der Deutschen Technischen Hochschule in Brünn. Musil besucht dort die Realschule, danach die militärischen Erziehungsanstalten in Eisenstadt und Mährisch-Weißkirchen (Hranice), wo zuvor auch Rilke kurze Zeit Schüler war.

Musil will Offizier werden, entdeckt aber seine technische Begabung und geht an die Technische Hochschule Brünn, wo er den Ingenieurstitel im Maschinenbau erwirbt. Kurzes Praktikum in Stuttgart bei Professor Bach, danach Studium der Philosophie und Psychologie in Berlin; 1908 Promotion (mit einer Arbeit über Ernst Mach). Der Dichter bleibt in Berlin und schreibt für eine Zeitschrift, die Franz Blei herausgibt, zwei Novellen („Vereinigungen"). 1911 Heirat mit Martha Marcovaldi, geborene Heimann, der Tochter eines jüdischen Kaufmanns in Berlin, kurze Zeit Bibliothekar an der Technischen Universität in Wien, danach Redakteur der „Neuen Rundschau" in Berlin, Teilnahme am 1. Weltkrieg (Kompaniekommandant und Redakteur von patriotischen Zeitschriften), danach (um 1920) Beamter des Heeresministeriums in Wien, ab 1923 lebt er als freier Schriftsteller in Wien, 1931—33 wieder in Berlin, danach Wien; 1938 verläßt er Österreich, emigriert in die Schweiz, wo er am 15. 4. 1942 völlig verarmt stirbt. Musil ist Träger des Kleist-Preises und des Preises der Stadt Wien.

TURRINI, PETER: geboren am 26. 9. 1944 in St. Margarethen/Lavanttal (Kärnten), verbrachte seine Kindheit in Maria Saal in Kärnten, bis 1971 arbeitete er in verschiedensten Berufen (Metallarbeiter, Werbetexter, Hotelmanager). Heute lebt er als freier Schriftsteller in Wien.

WINKLER, JOSEF: geboren am 3. 3. 1953 in Kamering bei Paternion in Oberkärnten. Er besuchte die Handelsschule in Villach, ohne sie abzuschließen, arbeitete in der Verwaltung an der Universität für Bildungswissenschaften in Klagenfurt, besuchte eine Abendschule und studierte in Klagenfurt Germanistik und Philosophie. Seit 1983 lebt er als freier Schriftsteller in Kamering und Rom. Preis der Klagenfurter Jury des Ingeborg-Bachmann-Wettbewerbs 1979.

QUELLENNACHWEIS

Ingeborg Bachmann: Gesammelte Werke in vier Bänden; Piper Verlag, München 1978.

Bernhard C. Bünker: Des Schtickl gea i allan; Carinthia Verlag, Klagenfurt 1980.

Michael Guttenbrunner: Der Abstieg; Verlag Neske, Pfullingen 1975.

Peter Handke: Wunschloses Unglück; Residenz Verlag, Salzburg 1972.

Gustav Januš: Pesmi; Mohorjeva založba/Hermagoras Verlag, Klagenfurt/Celovec und Založba Obzorja, Maribor 1983.
Gedichte; Suhrkamp Verlag, Frankfurt 1983.

Gert Jonke: Der ferne Klang; Residenz Verlag, Salzburg 1979.

Christine Lavant: Die Bettlerschale; Otto Müller Verlag, Salzburg 1956.
Spindel im Mond; Otto Müller Verlag, Salzburg 1959.
Kunst wie meine ist nur verstümmeltes Leben; Otto Müller Verlag, Salzburg 1978.

Florjan Lipuš: Zmote dijaka Tjaža; Založba Drava, Klagenfurt/Celovec 1981.
Der Zögling Tjaž; Residenz Verlag, Salzburg 1981.

Robert Musil: Gesammelte Werke; Rowohlt Verlag, Reinbek bei Hamburg 1978.

Peter Turrini: Ein paar Schritte zurück; Europa Verlag, Wien 1987.

Josef Winkler: Muttersprache; Suhrkamp Verlag, Frankfurt 1982.

ARNULF ROHSMANN

DIE KÄRNTNER SEELE IN DEN BILDENDEN KÜNSTEN

Bringt man vielschichtige Äußerungen, die visuell vermittelt werden, mit dem Konstrukt einer komplexen regionalen Seele in Zusammenhang, so bieten sich zwei Zuordnungsvarianten an — einmal könnte das jeweilige Kunstwerk als Repräsentant dieser Seelenvorstellung gewertet werden, das heißt, diese Regionalseele würde im Werk manifest. Zum anderen könnte der Künstler den einen oder anderen Teilaspekt dieser Seele in seinem Werk reflektieren.

Der erste Weg scheint nicht zielführend zu sein, denn auch ein visuell vermitteltes Werk von hoher Informationsdichte kann nicht annähernd so viele Aspekte aufgreifen, wie eine differenzierte verbale Darstellung schon aufgrund ihres Umfangs. Nicht nur diese Beschränktheit des Mediums der bildenden Künste reduziert die Möglichkeit einer Thematisierung des regionalen Seelentypus. Es ist auch das wache Auge des Künstlers, der in der Reduktion der Vielschichtigkeit und Wechselbezüglichkeit gesellschaftlicher und individueller Ansprüche, Normen, Ideale ... auf eine simplifizierte Volksseele eine probate Persuationsstrategie totalitärer Systeme wiedererkennt. (In diesem Zusammenhang müssen wir Suitbert Lobissers gedenken, dem heute noch in Kärnten hochgeschätzten Meister des Holzschnitts. Diensteifrig hatte er zuerst den Repräsentanten des klerikalen Austrofaschismus und dann fast übergangslos den Gaugranden des Nationalsozialismus einen völkisch bestimmten Idealtypus der Kärntner Seele entworfen — losgelöst vom sozialen Kontext und in eine Idylle versetzt, die in Relation zur damaligen politischen Situation als blanker Zynismus gelten muß.)

Kunstwerke als Ausdruck eines vermeintlichen Zeitgeistes auslegen zu wollen ist durch Geschichtsmetaphysik motiviert; genauso irrationalistisch wäre der Versuch, sie als Äußerung einer vermeintlichen Volksseele zu interpretieren. Man spräche ihnen die Kapazität ab, selbst Normen zu setzen, auch einander widersprechende, die unter der Fiktion einer Einheitsseele nie zu subsummieren wären — ganz abgesehen von der Gefahr der Ausgrenzung nicht konformer Äußerungen, die umso leichter durchzusetzen ist, je mehr die Volksseele als Wertkategorie akzeptiert ist.

121

Der zweite Weg nimmt Abstand von einem Modell des Künstlers als Werkzeug von Zeitgeist oder Volksseele. Er entzieht sich auch der Verlockung, jene Komponenten der Seele, die die Künstler reflektieren, zu einer Regionalseele zu synthetisieren. Jeder Versuch, sie aus den künstlerischen Stellungnahmen zu rekonstruieren, zeigt, daß sie so homogen nicht ist und auch nicht statisch, zeigt, daß ihre theoretische Reinheit nur durch rigorose Selektion bis an die Grenze der Demagogie herzustellen ist, so wie es die Sinnstifter praktizieren.

Wenn die Künstler Einzelaspekte der Kärntner Seele behandeln, dann gehen sie nicht von einem vorformulierten Bild der Seele aus. Sie leben mit jenen im selben sozialen, vitalen, visuellen ... Ambiente, denen die Kärntner Seele nachgesagt wird, und sie reagieren, mit den Mitteln der Kunst, auf dieselbe Situation.

Der Grad der Betroffenheit durch die einzelnen Problembereiche ist oft ein anderer beim Künstler als beim Gros der Bevölkerung. Weder ist das Maß seines Interesses an den Zuständen repräsentativ noch ist es der Inhalt seiner Stellungnahme. So ist selten die Kärntner Seele selbst der Gegenstand seines Interesses, sondern die Zustände, die die charakteristischen psychischen Dispositionen auslösen.

Geht man von kollektiven Vorlieben und Wünschen, von Normen und Interessen aus, die in Kärnten mit größerer Häufigkeit auftreten als in anderen Regionen, so werden sich Künstler finden, die daran beteiligt sind, sie hervorzubringen, und andere, die sie reflektieren. Zu sehr vereinfachend wäre es, diese Polarisierung mit dem Gegensatzpaar affirmativ/kritisch zu koppeln, beziehen sich doch diese Kategorien auf die kognitiven Anteile des Werkes und schließen Gesichtspunkte aus, die primär auf der visuellen Ebene vermittelt werden, dort zum Beispiel, wo der Künstler Paradigmen für die Sehweise des Realen entwirft — ein Bereich, in dem die Kunst die Normen konstituiert anstatt sie zu bestätigen.

Die Grenzen der psychologischen Interpretation des Kunstwerkes sind bald erreicht — sie ist umso weniger ergiebig, je deutlicher ihr Ergebnis die psychische Situation des Künstlers bestimmt. Die interessiert eher den Biografen. Mit der Klärung transpersonaler Sachverhalte ist diese Form der Analyse überfordert. Nicht die Seele des Kärntner Künstlers, sondern seine Stellung zu den konstitutiven Faktoren der Kärntner Seele wird uns in der Folge beschäftigen.

Die Themengruppen, die für die Kärntner Seele von Belang sind, lassen sich jenseits stilistischer Fixierungen zu drei großen Bezugsfeldern zusammenfassen, die auch polare Kategorien enthalten:

Die künstlerische Sicht der Welt, vorrangig der Natur und der Dinge, hier eine a-philoso-phische, die an der Auseinandersetzung mit der Oberfläche der Dinge orientiert ist und die sich jeglicher Spekulation über deren ‚Wesen' enthält und frei von symbolischen Ge-halten bleibt. (Markus Pernhart, Anton Mahringer, Jean Egger, Alois Köchl, Herbert Boeckl, Peter Krawagna, Wolfgang Hollegha.)

Das Spannungsverhältnis zwischen der Leichtigkeit des Lebens und seiner Inszenierung, der Körperbefindlichkeit (Maria Lassnig, ‚Body Awareness') und der Bestimmtheit durch Erotik, Tod und Vergänglichkeit. (Arnold Clementschitsch, Franz Motschnig, Hans Stau-dacher, Reinfried Wagner, Günther Domenig, Franz Wiegele, Maria Lassnig, Arnulf Rai-ner, Kurt Kappa Kocherscheidt, Cornelius Kolig, Hans Bischoffshausen, Reimo Sergon Wukounig, Valentin Oman.)

Der Hang zum Irrationalen und die Reaktion der Künstler auf seine Auswirkung im geistigen und politischen Klima. (Werner Berg, Giselbert Hoke, Klaus Mayr, Meina Schel-lander, Stefan Gyurko, Werner Hofmeister, Jochen Traar, Peter Putz, Kiki Kogelnik.)

Thomas von Villach:
Beweinung Christi. Um 1490, ehemals
Abtei.

Tafelmalerei, 160 x 123 cm. Landesmuseum für
Kärnten.

Die Szene der Beweinung nach der Kreuzabnahme
wird in eine seichte Raumbühne gedrängt. Die Darstellung des seelischen Schmerzes und der Klage
ist nicht von expressiver Mimik und Gestik geprägt,
sondern durch lyrisch verhaltenes Pathos. Die un-
terschiedlichen Grade der Rührung durch den Akt
der Kreuzabnahme, die distanziert wirkende Dramatik weisen dem Ereignis einen eher szenischen
Stellenwert zu, so, daß es mehr inszeniert wirkt,
als durch Betroffenheit bestimmt.

Hyppolytuslegende.
3. Viertel des 15. Jahrhunderts,
ehemals Kantnig bei Lind ob Velden.

Tafelmalerei, 80 x 60 cm. Landesmuseum für
Kärnten.

Szenen aus der Hyppolytuslegende werden mit Motiven aus der Vitus-, der Georgs- und der Katharinenlegende ikonografisch überlagert. Der Betroffene im Kessel scheint von der Tortur unbeeindruckt, die Drastik des Geschehens scheint abgelöst vom Gequälten, während die Schergen ihrer Tätigkeit nachgehen, als wäre sie eine alltägliche Handlung.

126

Vituslegende.
Um 1470, ehemals St. Veit an der Glan.

Tafelmalerei, 136 x 71 cm. Landesmuseum für Kärnten.

In acht Tafeln wird die Vituslegende wiedergegeben. Der Figurentypus ist durch die Verselbständigung der virtuos bewegten Gewandpartien gegenüber den darunterliegenden Körperteilen gekennzeichnet. Ihre Lage und ihr Volumen wird ignoriert. Die nervöse Formensprache in den Faltenwürfen, die übersteigerten zackigen Brüche in den Gewändern, markieren ein Moment des Irrationalismus.

Markus Pernhart:
Der Großglockner von der Adlersruh.
1857.

Öl/Leinwand, 57 x 72 cm. Landesmuseum für Kärnten, Klagenfurt.

Der bedeutendste Landschaftsmaler Kärntens im 19. Jahrhundert begreift die hochalpine Landschaft in naivem Realismus. Trotz naturalistischer Auffassung in den Details wird der Berg überhöht und steiler dargestellt, um die Schwierigkeit seiner Bezwingung zu verdeutlichen. Dem zentralen Motiv des Großglockners werden porträthafte Züge verliehen.

Sebastian Isepp:
Verschneiter Waldrand. Um 1910.

Öl auf Leinwand, 75 x 93 cm. Kärntner Landesgalerie, Klagenfurt.

Der verschneite Waldrand ist als intime Landschaft konzipiert. Mit der Weichheit und Leichtigkeit des frischen Schnees wird der Betrachter zum Betreten und Betasten eingeladen. Gleichzeitig wird mit der unausgesprochenen Drohung, die Stille und die Unberührtheit zu stören, eine Barriere errichtet, die ihm die Rolle eines Eindringlings zuweist und Vergänglichkeitsmotive andeutet.

Anton Mahringer:
Gebirgslandschaft. 1949.

Öl/Holz, 60 x 72 cm. Kärntner Landesgalerie, Klagenfurt.

Die Gebirgslandschaft und die atmosphärischen Partien werden durch das Licht in kristalline und durchscheinende Flächen zerlegt und, bis auf den Vordergrund, entmaterialisiert wiedergegeben. Das Landschaftserlebnis findet im Bild eine Analogie, indem die Farbigkeit expressiv übersteigert wird, ohne ins Stimmungshafte abzugleiten.

Jean Egger:
La Terre. Undatiert.

Öl/Leinwand, 65 x 81 cm. Kärntner Landesgalerie,
Klagenfurt.

Die südliche Landschaft wird in aufgelöster, pasto-
ser Pinselschrift formuliert. Duktus und Farbe haben nicht die Aufgabe, den Gegenstand zu beschreiben, sondern ein malerisches Pendant zur inneren
Aufgewühltheit des Malers zu schaffen. Der Bildraum scheint instabil, auch der hochgezogene Horizont vermittelt keinerlei Halt in der bewegten
Landschaft.

136

Alois Köchl:
Abgebrochene und gebogene Striche.
1985.

Buntstift/Papier, 172 x 148 cm. Slg. Faber-Castell.
Ein dichtes Liniengefüge baut einen heftig dynami-
sierten Bildraum auf, in dem die Bodenflächen
durch den veränderten Farbeinsatz plötzlich brechen, sich in räumlich nicht definierte Tiefen öffnen und durch Wirbel in einzelnen Kompartimen-
ten Entwicklung von Raum andeuten.

138

Herbert Boeckl:
Eichelhäher. 1922.

Öl/Leinwand, 53 x 60 cm. Privatbesitz Wien.

Der „Eichelhäher" gehört in eine Reihe von Stille-
ben mit dem toten Vogel als Vergänglichkeitsmotiv.
Die Betonung von Farbigkeit und Glanz, der Zug
zu Entkörperlichung und Abstraktion rücken ihn
in die Sphäre der Ästhetik; dort wird der Todeskon-
text aufgegeben.

140

Wolfgang Hollegha:
Tinis Trog. 1987.

Acryl/Leinwand, 250 x 210 cm. Kärntner Landesgalerie, Klagenfurt.

Hollegha geht davon aus, daß die Abstraktion bereits in der Natur angelegt ist. Von einem Ausschnitt der Oberfläche der Gegenstände leitet er,
wie hier bei einem hölzernen Trog, eine Farb-
Form-Konstellation ab, die er ins Monumentale
(250 x 210 cm) vergrößert und in ein System von
fast körperlosen Farben großer Leuchtkraft
umsetzt.

Peter Krawagna:
Sessellift. 1981.

Gouache, 24,5 x 15,5 cm. Besitz des Künstlers.

Der Ausgangspunkt für die gegenstandsbezogene
Abstraktion bei Krawagna ist das alltägliche Ding
— wie hier der Sessellift aus der Kärntner Touris-
muslandschaft. Wie schwerelos vor dem Hell des
schneebedeckten Hügels schwebend, ist er seiner
Funktionalität entbunden. Die Farb-Form-Bezie-
hungen verselbständigen sich soweit, daß die Wie-
dererkennbarkeit des Gegenstandes zuletzt un-
wichtig wird.

144

krischanitz graz 87

Franz Wiegele:
Lesendes Mädchen. Um 1923.

Öl/Leinwand, 55 x 45 cm. Österreichische Galerie,
Wien.

Das Mädchen wird im Zustand geistiger Sammlung
wiedergegeben; ohne den Kontakt mit dem Betrachter aufzunehmen, präsentiert es sich so stell-
vertretend dem Maler, in einer ambivalenten Haltung von äußeren Zeichen eines Kommunikations-
angebotes und seiner Verweigerung.

146

Arnold Clementschitsch:
Badende. Um 1922.

Öl/Leinwand, 109 x 171 cm. Privatbesitz Villach.
Die Thematik der Badeszene ist dem Vorfeld der
Erotik entnommen: Selbstinszenierung, Begehren
und Eifersucht. Der Maler arrangiert mit Hilfe von
Gesten und Blickrichtungen das Geschehen. Bei aller Vordergründigkeit, die die Szene vorerst vermittelt, enthält sie einen beträchtlichen Anteil an Un-
bestimmtheit und Rätselhaftigkeit, welche die
Leichtigkeit des dargestellten flüchtigen Augen-
blicks relativiert.

Franz Motschnig:
Kaffeehausszene. 1986.

Öl/Leinwand, 145 x 195 cm. Kärntner Landesgalerie, Klagenfurt.

Die zweifigurige Szene in einem lichtdurchfluteten Raum zeigt Frauen, deren eine in einer Geste der Verlegenheit oder Fadesse mit ihren Armreifen spielt. Die andere wendet prüfend den Blick an den Betrachter. Der Maler spürt der latenten Dramatik einer trivialen Kommunikationssituation nach und verrätselt sie durch einen großen Bedeutungsspielraum.

Maria Lassnig:
Die große Mutter. 1964.

Öl/Leinwand, 120 x 89 cm. Kärntner Landesgalerie,
Klagenfurt.

Die Deformationen des Körpers decken sich mit
dem bewußten Spüren von Druck, Schwere, Spannung und Schmerz in einzelnen Körperpartien und
Organen, wie es die Malerin durch Selbstbeobach-
tung erfährt. Die grundlegenden Kategorien des
Fühlens und ihre Orte am Körper bekommen bestimmte Farbqualitäten zugeordnet, so daß für die
psychophysische Lage in den „Body-Awareness" Bildern ein systematisches malerisches Äquivalent
entwickelt werden kann.

152

Reinfried Wagner:
St. Neon. 1984.

Acryl/Papier, 210 x 120 cm. Privatbesitz Klagenfurt.
Der Maler schwebt in einem Fallschirmspringer-
gurt über der waagrechten Bildfläche; in den Händen, den Füßen, im Mund und zwischen den Schen-
keln je einen Pinsel, so daß die Hand von der Hand,
der Fuß vom Fuß, der Kopf vom Kopf usw. gemalt
werden. In süßlichen, kitschnahen Farben wird so
der Heilige, gleichsam als lebensgroße Verdoppe-
lung des Malers wiedergegeben — zwischen dem
Signum der Warenwelt „Neon" und dem Schrecken,
der von archaischen Gottheiten ausgeht.

Hans Staudacher:
Poesie objective, J. J. Leveque.

Mischtechnik/Jute, 200 x 160 cm, Besitz des Künstlers.

Diese Arbeit Staudachers ist auf der einen Seite durch die spontane malerische Geste bestimmt, mit der er die zentralen nicht verbalisierbaren Chiffren formuliert, auf der anderen durch die „poesie objective", deren Lettern den Charakter von Realitätszitaten annehmen.

DE J.J. LEVEQUE

JE TE SAIS   PRO PRIETAIRE

D'UNE
TERRE
SANS
LIMITE
OU TON
REGARD
CHAQUE
      INSTANT   SE POSE CHERCHANT

                    A   EN
              MESURER LES
                          RICHESSES

Günther Domenig:
Steinhaus. Projektiert 1983.

Steindorf am Ossiacher See.
Die Architektur des „Steinhauses" reagiert auf die
bizarren Formationen der benachbarten Gerlitzen-
Steilwände und die Weite und Offenheit der See-
landschaft. Der Faktor Erinnerung wird durch den
Verweis auf die zerstörten regionalen Architektur-
formen integriert.

158

Reimo Sergon Wukounig:
Die Zeit der Trauer. 1983.

Installation (Küchenschämel, Bügelbretter, Boden-
bürsten). Kunstverein für Kärnten. Künstlerhaus
Klagenfurt.

Die Installation versucht mit Hilfe von einfachen
Haushaltsgeräten Kindheitserinnerungen zu evo-
zieren. In ihrer strengen Aufstellung suggerieren
sie die Militanz des Sauberkeitsfetischismus und
die zur Dauer gedehnte Zeit, die durch gleichförmi-
ge Tätigkeiten ohne Erfolgserlebnis und durch ihren Zwang zur Selbstreproduktion strukturiert ist.

160

Cornelius Kolig:
„Komm" aus dem Zyklus
„Maiandacht". 1988.

Installation (Abguß einer weiblichen Brust, Plastik-
blumen, Lautsprecher, Leuchtschrift, Betschämel)
Koligs Themenbereich umfaßt vitale Grenzerfah-
rungen und Faktoren der Alltagsästhetik — von
standartisierten Sensationen über rituelle Elemente zu den tabuisierten Zonen von Tod und Erotik,
meist vor dem Hintergrund der Warenwelt und ihrer Überzeugungsversuche.

162

Hans Bischoffshausen:
Energiefeld in Auflösung. 1961/62.

Spachtelmasse auf Faserplatte, 110 x 123 cm.
Kärntner Landesgalerie, Klagenfurt.

Bischoffshausen stellt mit Hilfe eines nur geringfü-
gig variierten Elementes, der kleinen Rippe, eine
Struktur her, die den sich zusammenziehenden,
sich ausdehnenden oder auflösenden Raum visua-
lisieren soll. Gleichermaßen ist das „strukturelle"
Relief eine visuelle Analogie zu Bischoffshausens
Modell vom „Zeitplasma", in dem sich Raumzeit bis
zur Zeitlosigkeit verdünnen läßt. Bischoffshausens
monochrome Bilder sind von einer meditativen, as-
ketischen Haltung geprägt, die auf seine Beschäftigung mit der Zenmetaphysik zurückgeht.

164

Kurt Kappa Kocherscheidt:
Glockenblume. 1977.

Tempera/Leinwand, 130 x 115 cm. Privatbesitz.
Kocherscheidts Formen sind nicht dem Reservoir
der real vorhandenen Gegenstände entnommen. Es
sind Dinge in einer Vorstufe ihres möglichen Exi-
stierens — in einer Phase, in der ihre Form nicht
eindeutig ist und nur eine Variante ihrer möglichen
Seinsweisen widerspiegelt. Der einzige Ort, an dem
sie einen Realitätsgrad erreichen, der den Realien
gleichrangig ist, ist das Bild.

166

Werner Berg:
Schweinsköpfe. 1938.

Öl/Leinwand, 65 x 80 cm. Kärntner Landesgalerie,
Klagenfurt.

Die beiden Schweinsköpfe sind dominierend im
Vordergrund postiert. Das oft pathosbehaftete
Vergänglichkeitsmotiv des toten Tieres wird durch
den messerwetzenden Bauern dahinter in seiner
Banalität entlarvt und durch die Einbindung in die
kleinbäuerliche Alltäglichkeit jeder metaphysi-
schen Bedeutsamkeit entkleidet.

Cornelius Kolig:
Das Paradies. Projektiert 1978.
Vorderberg im Gailtal.

Der Gebäudekomplex wirkt nach außen unwirtlich
und abgeschlossen, während das von zwei Lager-
hallen für Koligs Werke flankierte Paradies ein blü-
hendes Refugium ist. Im Vorhof können die Ma-
schinen und Geräte benutzt werden. Sie sollen die
täglichen Verrichtungen in überhöhter Weise er-
fahrbar machen und zu den Grenzsituationen des
Lebens in Beziehung setzen.

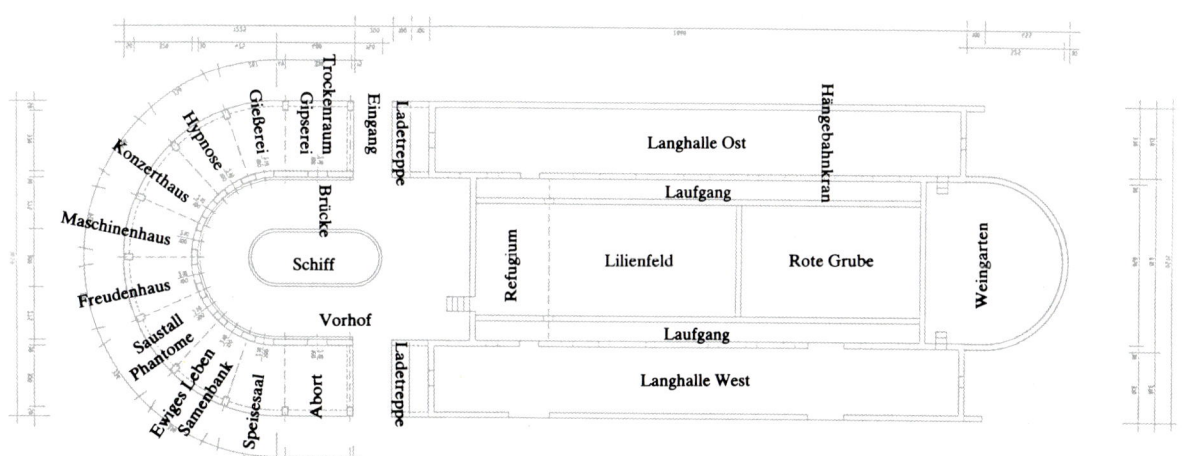

Ladetreppe
Eingang
Trockenraum
Gipserei
Gießerei
Hypnose
Konzerthaus
Maschinenhaus
Freudenhaus
Saustall
Phantome
Ewiges Leben
Samenbank
Speisesaal
Abort
Vorhof
Brücke
Schiff
Hängebahnkran
Langhalle Ost
Laufgang
Refugium
Lilienfeld
Rote Grube
Weingarten
Laufgang
Ladetreppe
Langhalle West

Albin Egger-Lienz:
Totenopfer, Entwurf I. 1918/1923.
Kärntner Landesgalerie, Klagenfurt.

Der Künstler verneint die von Pathos durchdrunge-
ne Auffassung des sogenannten Heldentodes als in-
dividuellen Akt der Aufopferung, der die Fremdbe-
stimmung des Massensterbens verschleiern soll.
Statt dessen skizziert er die Leichen in entstellter
Mimik und Verrenkung jenseits des Heroismus.

172

Giselbert Hoke:
Mann mit abgeschlagener Hand. 1968.

Öl/Holz, 200 x 144 cm. Kärntner Landesgalerie,
Klagenfurt.

Die Figur ragt idolhaft vor dem Betrachter auf. In
hieratischer Strenge präsentiert sie ihre Verlet-
zung mit bannender Geste. Der aufgebrochene
Brustkorb, der verstümmelte Arm und der magisch
fixierende Blick vermitteln einen archaisierenden
Schrecken und das Grauen als existentielle Grund-
befindlichkeit.

Anton Kolig:
Zivilisation II. 1946.

Öl/Karton, 54 x 75 cm. Privatbesitz.

Dieser Entwurf für ein nicht ausgeführtes Wand-
bild in der Universität von Posen/Poznan zeigt die
Abrechnung des enttäuschten, vereinsamten und
durch einen Bombenangriff körperlich schwer ge-
schädigten Malers mit der Zivilisation. Er verhöhnt
die menschenverachtenden und selbstgefälligen
Repräsentanten der vier Fakultäten und erhebt
sich zynisch über die Beschränktheit geistigen
Strebens.

Stefan Gyurko:
Meiner Treu. 1987.

Collage, 29,5 x 21 cm. Besitz des Künstlers.

Der Künstler entlarvt in einer Fülle fragmentari-
scher Arbeiten die vermeintlichen „ewigen Werte"
an Hand ihrer trivialen Manifestationen, wie sie in
den kleinbürgerlichen Gazetten oder durch diverse
Symbole und klischeehafte Leitsprüche vermittelt
werden.

Meiner Treu

Jochen Traar:
Ein Herz und eine Seele. Aus der Serie
„Überspanntheiten". 1986.

Acryl/Molino, 4 Bierflaschen, 185 x 56 cm. Slg. Ritter, Klagenfurt.

Der Künstler, der aus dem gemischtsprachigen Gebiet Kärntens stammt, bezieht sich auf den sogenannten Ortstafelsturm, in dem rechtsgerichtete Demonstranten die zweisprachigen Ortstafeln beschmiert oder abmontiert haben. Traar klassifiziert mit Hilfe eines aus Bierflaschen gebildeten NS-Symbols die minderheitenfeindlichen Gewalttätigkeiten als Produkt von irrationalistischen Stammtischdebatten und Wirtshausrevolten.

Meina Schellander:
Latenter Tag. 1980.

Aquarellfarben/Aquafix, 99 x 59 cm. Slg. Bott,
Köln.

Auf einer Mondsichel als Basis, die ein Dach in der
typischen Kärntner Form umfängt, ruht der Ausschnitt eines Karawanken-Vorberges. Ein Trapez
markiert den Ausschnitt und stellt mit dem weißen
Verbindungsstrang die Abhängigkeit von natürli-
cher und gebauter Form des Umraumes dar. Aus
ironischer Distanz kommt dazu ein Hinweis auf
den Hang zum Stimmungshaften und die Beklem-
mung in einem von ihm bestimmten Ambiente.

Kiki Kogelnik:
Ameisenesser. 1981.

Acryl-Leinwand, 128 x 122 cm. Kärntner Landesgalerie, Klagenfurt.

Die Zeichen in diesem Bild — Gesichtsschablonen,
Schere, Ameise und ein Haarbüschel — verführen
dazu, Sinnzusammenhänge zu konstruieren. Der
Betrachter wird aber stets auf die einzelnen Bildvo-
kabeln rückverwiesen und muß sich damit abfin-
den, daß sie ein Angebot spielerischer Kombinato-
rik sind, die sich der Endgültigkeit der Sinnstif-
tung entzieht.

Klaus Mayr:
Neue Burg, Völkermarkt. 1985.

Nordfassade, Treppenhaus.
Dem Baukörper ist eine durch vertikale Abtreppungen aufgelöste Fassade vorgelagert, die von einer auf die Raumgliederung bezugnehmenden Eckkonstruktion überragt wird, die auf der gegenüberliegenden Seite ihr Pendant hat. Rechts schließen zwei einander überlagernde Fassaden, deren streng geometrisierende Konzeption in Kontrast zu den irrationalistischen Faktoren der Blendfassade und der historisierenden Elemente tritt.

186

Arnulf Rainer:
Totenmaskenübermalung (Hugo Wolf).
1978.

Mischtechnik auf Foto, 60 x 50 cm.

Das Ausgangsmaterial sind Fotos von Totenmasken
— plastische Abgüsse von Physiognomien, entstanden ohne Absicht künstlerischer Transformation in
einem Augenblick, dem die letztmalige, konzen-
trierte Äußerung des Subjekts in der Mimik zuge-
schrieben wird. Rainers Übermalungen setzen sich
über die Unantastbarkeit der Würdeformeln hinweg, verstärken physiognomische Besonderheiten
und übersteigern sie bis zur Skurillität. Die Über-
schreitung der Grenze zum Tabu und der Blasphe-
mie wird zu einem Versuch, dem Tod in einem Dialog auf der mimischen Ebene zu begegnen. Die
Face-Farces, die den Totenmasken vorausgegangen
sind, Überarbeitungen fotografischer Selbst-
porträts, und die Übermalung von Gesichtern im
Zustand psychischer Grenzsituationen rückten diese in die Todesnähe.

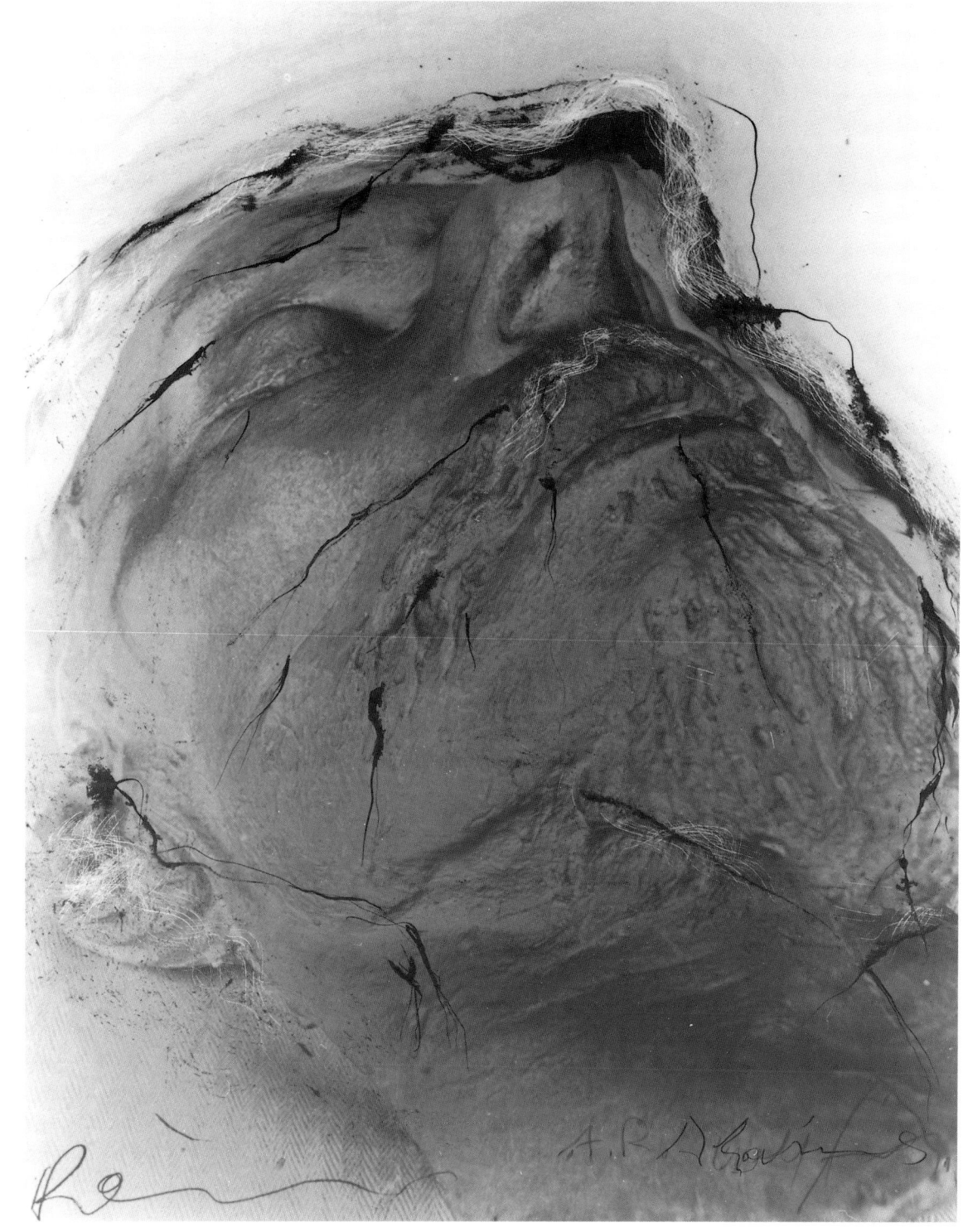

Arnulf Rainer:
Totenmaskenübermalung (Hugo Wolf).
190   1978.

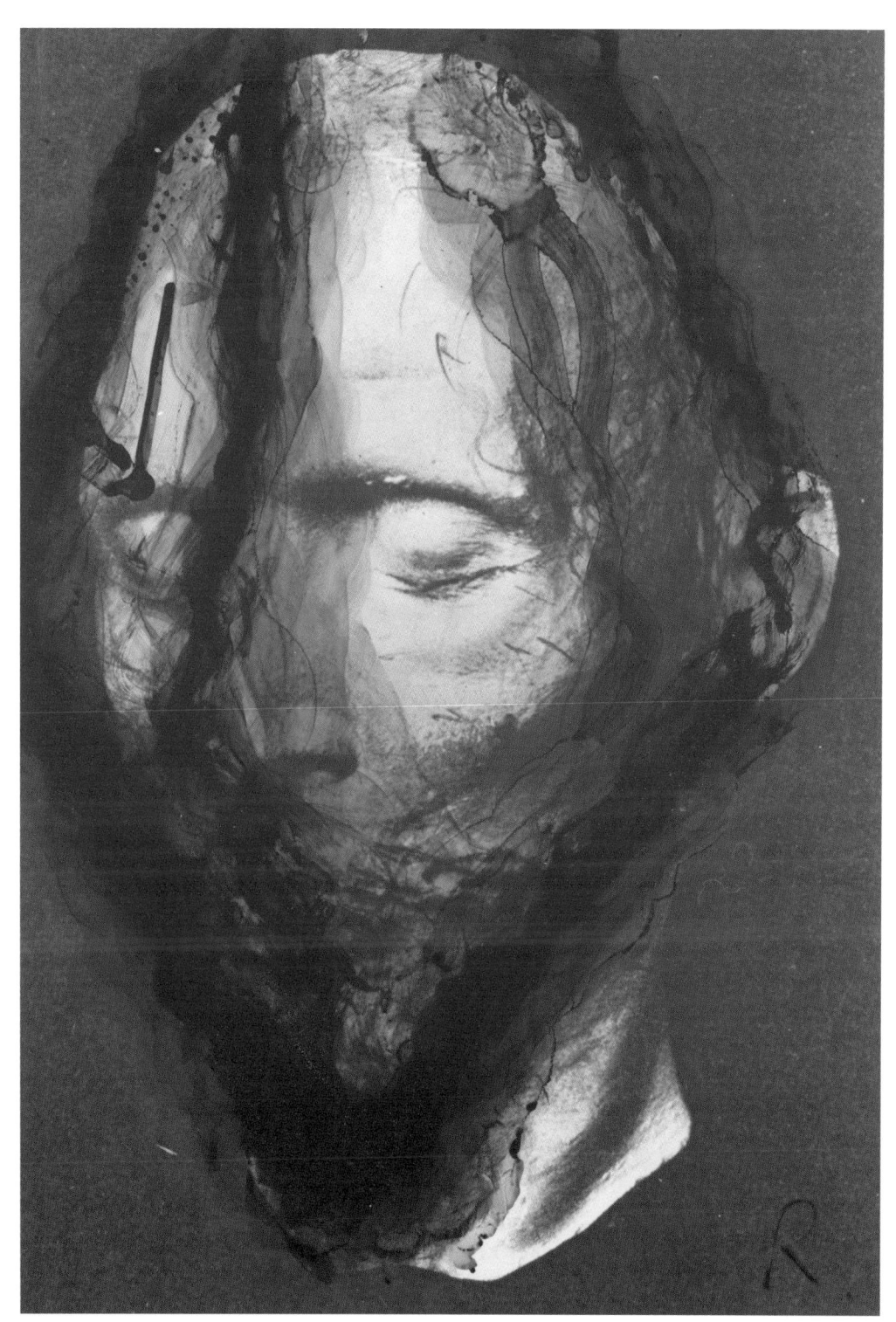

Arnulf Rainer:
Totenmaskenübermalung (Hugo Wolf).
192   1978.

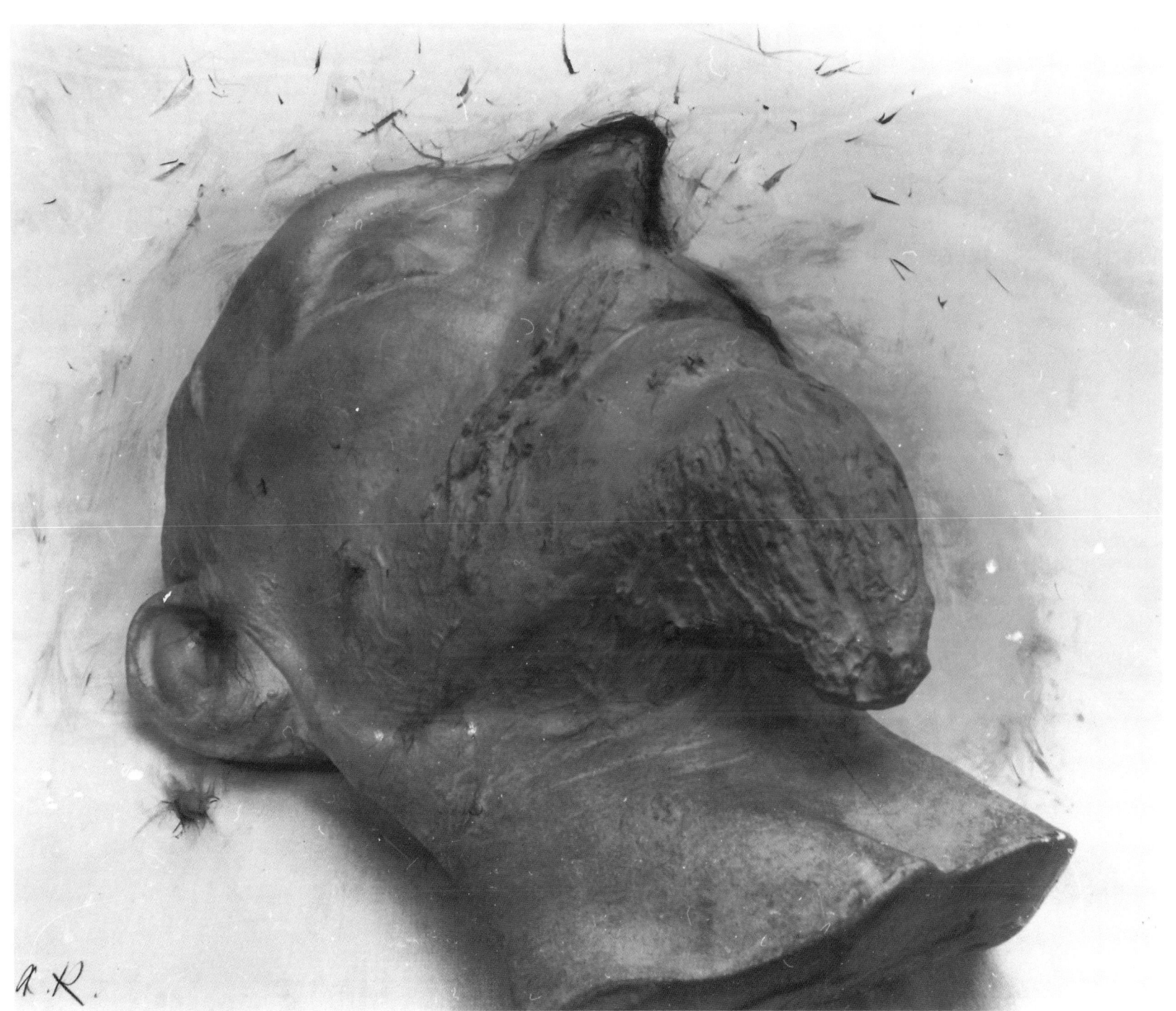

Arnulf Rainer:
Totenmaskenübermalung (Hugo Wolf).
194   1978.

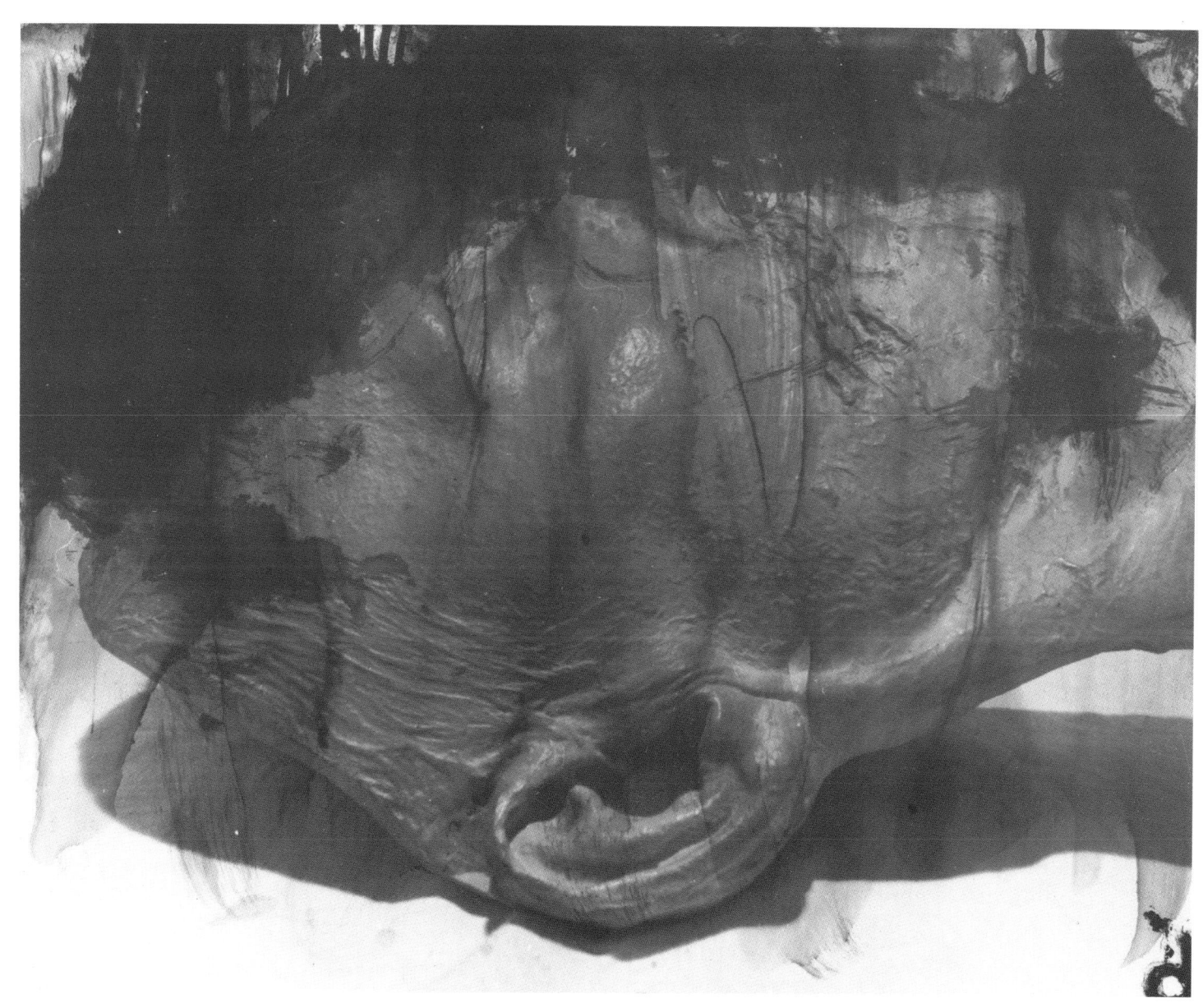

Arnulf Rainer:
Totenmaskenübermalung (Hugo Wolf).
196   1978.

Arnulf Rainer:
Totenmaskenübermalung (Hugo Wolf).
198   1978.

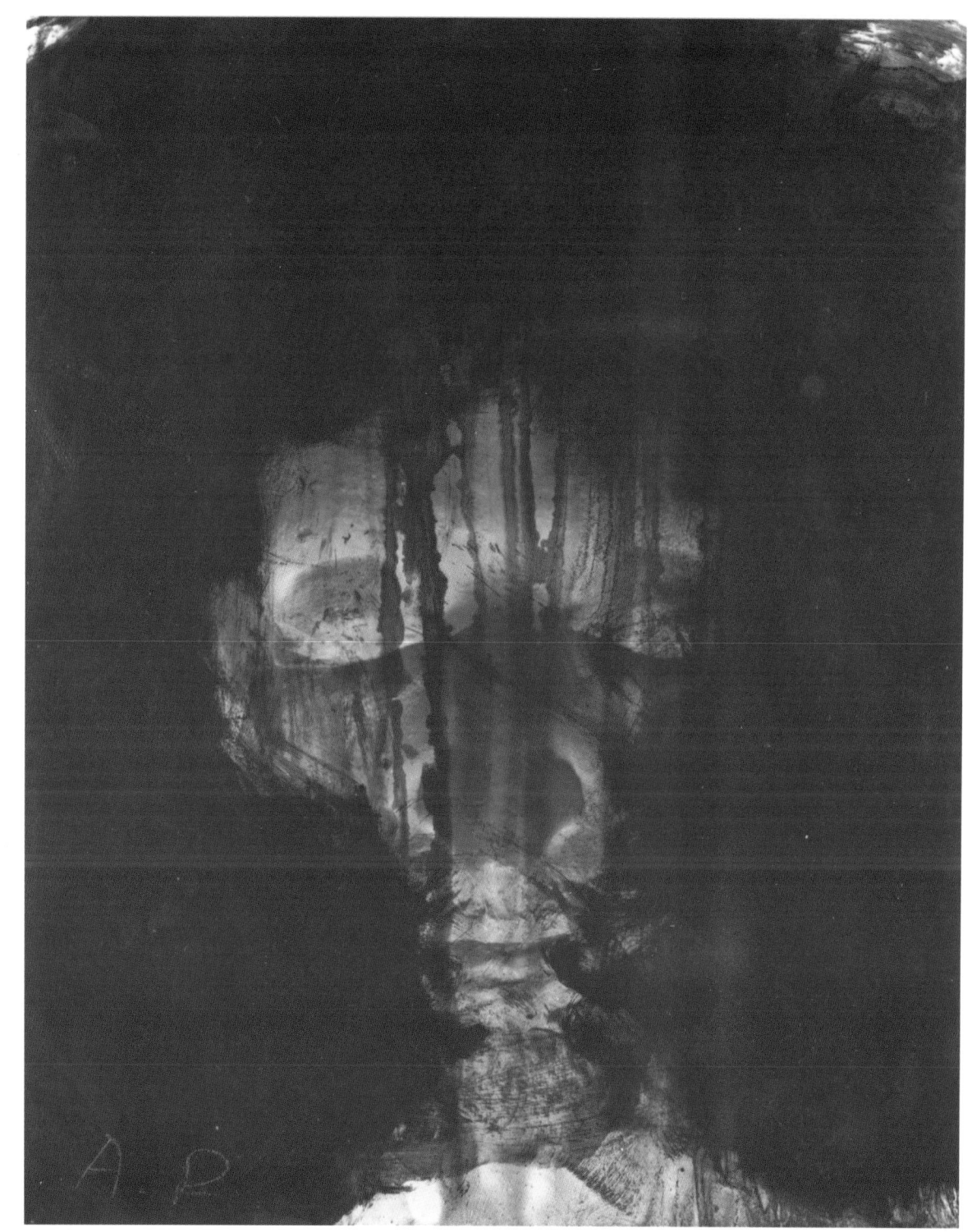

Valentin Oman:
Kannst Du sprechen? Nicht gut!
(Ein Telofongespräch) 1973.

Tusche/Papier, 40 x 50 cm. Slg. Rudolf Nitsch, Klagenfurt.

Die Alltagssituation des Telefonats wird in einen zeilenweisen Ablauf gefaßt, erhält dramatische Akzente und erfährt eine Verdichtung der Handlung, die sich schließlich — auch grafisch — auflöst. Die Belanglosigkeit des Gesprächs wird durch die im Titel anklingenden ungünstigen Umstände kontrastiert und verwandelt die banalen Figurenkonstellationen zu Paradigmen des menschlichen Befindens unter psychischen Sonderbedingungen.

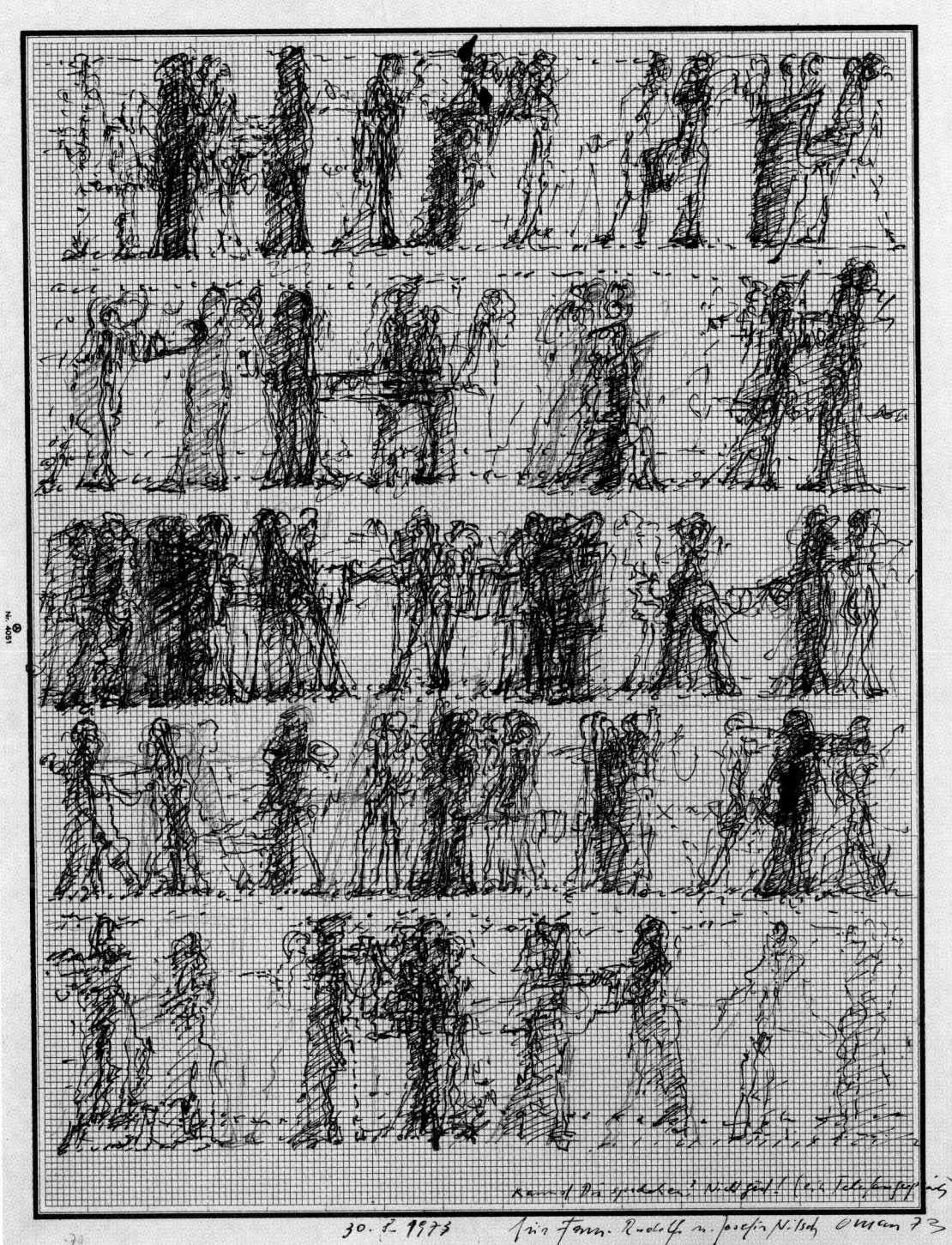

30. 8. 1975   für Herrn Rudolf u. Josefin Nitsch Oman 73

70

Werner Hofmeister:
Rechnung. 1985.

Kassenbeleg. Besitz des Künstlers.
Hofmeister stellt mit der in den Kunst-Kontext
übergeführten Rechnung für den „Einbau einer
Seele" um 110 Schilling ein vielschichtiges Betrach-
tungssystem her, in dem er die Mehrdeutigkeit des
Seelenbegriffs, die Instrumentalisierung und die
Käuflichkeit der Seele zur Diskussion stellt.

Raumausstattung
Innenraumplanung
Sport-Möbelhaus

Klein St. Paul (0 42 64) 284
Brückl (0 42 14) 278
Treibach (0 42 62) 31 33

Na :_____

Anz.	Datum 5. 10 . 19 85	Preis	S	g
	Einbau eines sede		110	—
	Preise inkl. 20 . % Mwst.			

Omega-Wien 27591

44-000285 DOK 85 007 00110 WI

Peter Putz:
Die Größten aus Kärnten. 1988.

Fotomontage.
In seinem EWIGEN ARCHIV sammelt Peter Putz
Belegstücke der Selbstdarstellung aus Reportagen
und kombiniert sie mit rhetorischen Floskeln von
bedrängender Einfachheit. Kausalketten, wie sie
die Ideologiekritik vorführen würde, bleiben un-
ausgesprochen. Dafür werden Fragen herausgefor-
dert, die das Bild jener gesellschaftlichen Krypto-
strukturen wiedergeben, die sich in den Fund-
stücken des EWIGEN ARCHIVES konkretisieren.

ICH BIN BRAV,
DU BIST BRAV,
ER IST BRAV.

Der Staatspolizist tut seine Pflicht mit PENTAX

Rekordverdächtig ist dieser Kohlrabi mit einem Gewicht von 14,5 Kilo. Das prächtige Gemüse gedieh im Garten des Gendarmeriebeamten (Mitte) vom Posten Riegersdorf, dem die Kollegen herzlich gratulierten.

DIE GRÖSSTEN AUS KÄRNTEN.

Viktor Rogy:
Notwendigkeit. 1983.

Leuchtstoffröhren, Baustahl, Spanplatte, 50 x 160 x
16 cm. Besitz des Künstlers.

Der Künstler wirbt für einen offenen Begriff der
„Notwendigkeit", verbunden mit der Position der
Entschlossenheit, aus der die Not abgewendet wer-
den könne.

206

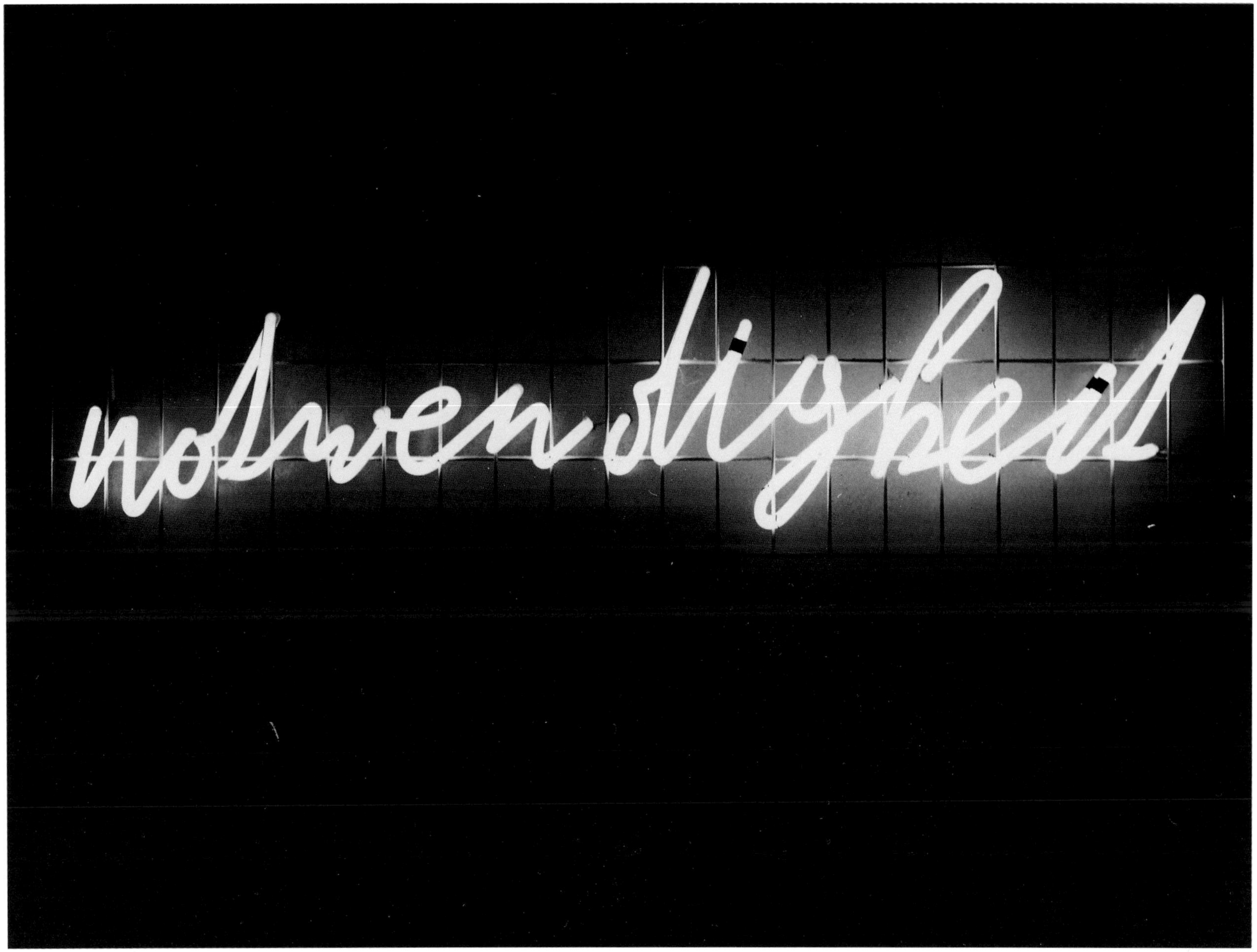
notwendigkeit

Biografien und Bibliografien der Kärntner Künstler

(Auswahl)

Werner Berg

1904 Elberfeld (bei Wuppertal) — 1981 Rutarhof/Rutarjevo bei St. Veit im Jauntal/Št. Vid v Podjuni.
1927 Promotion zum Doktor der Staatswissenschaften, Studium an der Akademie der bildenden Künste in Wien (Sterrer), 1928 an der Münchner Akademie (Karl Caspar), 1931 Ansiedlung auf dem Rutarhof, 1968 Gründung der Werner Berg-Galerie in Bleiburg/Pliberk.

Literatur:

Harald Scheicher (Hrsg.): Werner Berg. Seine Kunst, sein Leben. Klagenfurt 1984. (Mit ausführlicher Bibliografie.)

Hans Bischoffshausen

1927 Feld am See — 1987 Villach.
Nach Abbruch des Architekturstudiums in Graz 1947 „Sturz in die Malerei", 1959—1971 Paris, ab 1971 wieder in Österreich (Wien, Villach).

Literatur:
Hans Bischoffshausen 1950—1980. (Kat. Galerie an der Stadtmauer, Villach), Villach 1981.
Hans Bischoffshausen 1950—1977. (Kat. Hrsg. Hans Bischoffshausen), Villach 1977.
Hans Bischoffshausen 1927—1987. (Kat. Stadtmuseum Graz), Graz 1987.

Herbert Boeckl

1894 Klagenfurt — 1966 Wien.
1912 Studium an der Technischen Hochschule in Wien, Privatschüler von Adolf Loos, 1939—1965 Professor an der Akademie der bildenden Künste in Wien.

Literatur:
Herbert Frodl: Herbert Boeckl. Salzburg 1976.

Gaston Diehl: Herbert Boeckl. Aquarelle und Zeichnungen. Salzburg 1978.
Herbert Boeckl 1894—1966. Gemälde. (Kat. Neue Galerie am Joanneum), Graz 1979.

Arnold Clementschitsch

1887 Villach — 1970 Villach.
1909 Akademie der bildenden Künste in Wien (Delug), 1911—1915 München, arbeitet ab 1918 abwechselnd in Villach und Wien.

Literatur:
Leopoldine Springschitz: Arnold Clementschitsch. Klagenfurt 1957.
Arnold Clementschitsch. Der Maler. (Kat. Kärntner Landesgalerie), Klagenfurt 1987.

Günther Domenig

1934 Klagenfurt
Studium der Architektur in Graz, 1959—1963 Linz, 1980 Vorstand des Institutes für Gebäudelehre und Entwerfen an der Technischen Universität in Graz.

Bauten:
Z-Bankfiliale Wien-Favoriten 1968
Schiffswerft Wörther See

Literatur:
Günther Domenig: Das Steinhaus in Steindorf. Eine Werkstätte für Architektur. In: Die Brücke 4/85, S. 48—52.
Gudrun Pleyer: Günther Domenig. Bauten und Projekte. Phil. Diss., Graz 1987.

Jean Egger

1897 Hüttenberg/Kärnten — 1934 Klagenfurt.
1918—1922 Studium an der Münchner Kunstakademie (Becker — Gundahl), 1925—1932 Paris, danach Pollensa/Mallorca.

Literatur:
Leopoldine Springschitz: Hans Egger (1897—1934). In: Carinthia I, 152 (1962), S. 192—201.
Kristian Sotriffer: Der Faden zwischen Seele und Welt. Versuch über Hans (Jean) Egger. Innsbruck o. J.

Albin Egger-Lienz

1868 Stribach/Osttirol — 1926 Bozen.
1884 Kunstakademie in München, Bekanntschaft mit Franz von Defregger. 1900—1911 Wien, 1912/1913 Professur an der Akademie in Weimar, 1913 bis zum Tod in Bozen.

Literatur:
Wilfried Kirschl: Egger-Lienz. Wien 1977 (mit ausführlicher Bibliografie).

Stefan Gyurko

1952 Völkermarkt/Velikovec
1967—1972 Kunstgewerbeschule Graz, seit 1978 in Wien.

Literatur:
Stefan Gyurko. Bilder und Grafiken. (Kat. Neue Galerie am Joanneum, Graz), Graz 1979.
Christian Gagerle: Verzweifelte Ausfälle, höhnende Auswürfe. (Kat.) Wien 1986.

Werner Hofmeister

1951 Klein St. Paul
Studium von Grafik und Design in Darmstadt, seit 1975 freischaffend in Klein St. Paul.

Literatur:
Arnulf Rohsmann: Werner Hofmeister — 84. Klagenfurt 1984.
Arnulf Rohsmann: Hofmeister Werkgruppe Frösche 84—87. Klagenfurt 1987.
Arnulf Rohsmann: Kunstgeschichte als Matrix. In: Entgrenzte Grenzen. Graz 1987.

Giselbert Hoke

1927 Warnsdorf/Böhmen
1946—1950 Akademie der bildenden Künste (Andersen), seit 1961 Saager/Zagorje, Kärnten, 1974 Vorstand des Institutes für baukünstlerische Gestaltung an der Technischen Universität in Graz.

Literatur:
Zoran Kržišnik: Giselbert Hoke. Salzburg 1967.
Wieland Schmied: Giselbert Hoke. Salzburg 1983.
Giselbert Hoke. (Kat. Neue Galerie am Joanneum, Graz), Graz 1985.

Wolfgang Hollegha

1929 Klagenfurt
1947 Beginn des Studiums an der Akademie der bildenden Künste in Wien (Dobrowsky), 1962 Übersiedlung auf den Rechberg/Steiermark, 1972 Berufung zum Professor an der Akademie der bildenden Künste in Wien.

Literatur:
Wolfgang Hollegha. (Kat. Museum des 20. Jahrhunderts, Wien), Wien 1967.
Wolfgang Hollegha. Neue Bilder 1984—87. (Kat. Neue Galerie am Joanneum, Graz), Graz 1988.

Sebastian Isepp

1884 Nötsch/Čajna — 1954 London.
1903—1907 Akademie der bildenden Künste in Wien (Bacher), 1915—1918 Kriegsdienst, 1921—1938 Wien, ab 1928 Restaurator und ab 1936 (Chefrestaurator am Kunsthistorischen Museum in Wien, 1938 Emigration nach London (Augenzeugen berichten, die beiden Gegenstimmen beim Plebiszit über den Anschluß Österreichs 1938 wären von Sebastian Isepp und seinem Bruder Hubert Isepp gewesen), Restaurator und Gutachter für die National Gallery, Royal Collection und das Ashmolean Museum. Ab 1918 vermutlich Einstellung der Maltätigkeit.

Literatur:
Anna-Maria Prause: Sebastian Isepp, Spiritus agens des „Nötscher Kreises". Phil. Diss. Salzburg 1980.
Anna-Maria Prause: Sebastian Isepp — Maler der unheroischen Landschaft. In: Die Brücke 4/1981, S. 18—21.
Sebastian Isepp. Malerei im Geiste der Secession. (Kat.) Klagenfurt 1977.

Kurt Kappa Kocherscheidt

1943 Klagenfurt
1961—1964 Akademie der bildenden Künste in Wien, 1963/64 Akademija likovnih umjetnosti, Zagreb, 1969—1971 London, 1972/73 Feuerland und Amazonasquellgebiet.

Literatur:
Kurt Kocherscheidt. Bilder 1976—1986. (Kat. Morat-Institut, Freiburg/Br.) Freiburg 1986. (Mit ausführlicher Bibliografie.)

Alois Köchl

1951 Klagenfurt
1970—1974 Akademie der bildenden Künste in Wien (Weiler), seit 1978 in Unterbergen/Podgora (Kärnten).

Literatur:
Alois Köchl, Stadtzeichner von Nürnberg 1984 (Kat. Kunsthalle Nürnberg), Nürnberg 1985.
Alois Köchl, Zeichnung. (Kat. Kunstmuseum Bern.) Bern 1986.
Alois Köchl: Ausgelassen. Klagenfurt 1985.

Kiki Kogelnik

1935 Bleiburg/Pliberk, Kärnten
1954—1959 Akademie der bildenden Künste in Wien (Gütersloh), seit 1961 in New York, während der Sommermonate in Wien und Bleiburg.

Literatur:
Kiki Kogelnik. Ölbilder Zeichnungen Keramik. (Kat. Galerie 2, Wien), Wien 1976. Kiki Kogelnik. Eintagsfliege Zeichnungen und Keramik. (Kat. Galerie K. Kindberg), Kindberg 1983.

Anton Kolig

1886 Neutitschein, Mähren — 1950 Nötsch/Čajna, Kärnten.
1904—1906 Kunstgewerbeschule Wien, 1907—1912 Akademie Wien (Bachler, Lefler, Delug), 1912—1914 Paris, Südfrankreich, Normandie, 1918—1928 Nötsch, 1928 Berufung zum Professor an die Akademie in Stuttgart, 1943 Pensionierung durch die Nazi-Machthaber und Rückkehr nach Nötsch.

Literatur:
Richard Milesi: Anton Kolig. Klagenfurt 1954.
Brunhilde Rohsmann: Das Menschenbild im malerischen Werk des Anton Kolig. Phil. Diss., Graz 1981.
Anton Kolig (1886—1950). Das malerische Werk. (Kat. Neue Galerie am Joanneum, Graz), Graz 1981.

Cornelius Kolig

1942 Vorderberg
1960—1965 Akademie der bildenden Künste in Wien (Dobrowsky, Boeckl, Weiler), seit 1965 in Villach.

Literatur:
P. Spielmann, Alfred Schmeller: C. Kolig 1968—72. Wien 1973.
Peter Weiermair: Tactiles. Innsbruck 1977.
Arnulf Rohsmann: Das gynäkologische Kreuz. Klagenfurt 1979.
Peter Gorsen: Anton Kolig zum 100. Geburtstag. Klagenfurt 1986.
Dieter Ronte: Kunst als Analyse. Zum Paradies von Cornelius Kolig. In: C. Kolig. Das Paradies. Wien 1985.

Peter Krawagna

1937 Krumpendorf/Kriva Vrba am Wörther See
1953—1957 Kunstschule Linz. 1957—1961 Akademie der bildenden Künste in Wien (Andersen), 1963—1964 Ecole des Beaux Arts, Paris; seit 1965 in Krumpendorf.

Literatur:
Peter Krawagna. Lehm und Stroh. Klagenfurt 1982.
Peter Krawagna. (Kat. Kunsthalle Nürnberg), Nürnberg 1987.

Maria Lassnig

1919 Kappel am Krappfeld
1941 Akademie der bildenden Künste in Wien (Dachauer, Andri, Boeckl), 1945 Atelier in Klagenfurt, 1951 Übersiedlung nach Wien, 1961 Übersiedlung nach Paris, 1968—1980 New York, 1980 Rückkehr nach Wien, Professur an der Hochschule für angewandte Kunst in Wien.

Literatur:
Maria Lassnig. Klagenfurt 1985. (Mit ausführlicher Bibliografie.)

Anton Mahringer

1902 Neuenhausen bei Stuttgart — 1974 St. Georgen/Gailtal/Št. Jurij na Zilji.
1925 Akademie in Stuttgart (Waldschmidt, A. Ko-

211

lig), ab 1931 Übersiedlung nach Labientschach bei Nötsch im Gailtal/Labenči pri Čajni na Zilji.

Literatur:
Walter Zettl: Anton Mahringer, Salzburg 1972.
Sarolta Dietrich: Anton Mahringer. Phil. Diss., Wien (1988 in der Fertigstellungsphase).

Klaus Mayr

1940 Klagenfurt
Studien der Germanistik und der Architektur in Graz, seit 1977 Architekturbüro in Klagenfurt.

Bauten:
Ärztehaus Völkermarkt 1975.
Villa Dr. H., Viktring 1982.

Literatur:
O. A: Neues für Völkermarkts Neue Burg. In: Die Brücke, 3/85, S. 16—19.

Franz Motschnig

1951 Völkermarkt/Velikovec
1966—1969 Tischlerlehre, 1970 fünf Monate Gastschüler an der Kunstgewerbeschule in Graz, lebt in Graz.

Literatur:
Franz Motschnig. Plastiken. (Kat. Neue Galerie am Joanneum, Graz), Graz 1979.
Franz Motschnig. Bilder. (Kat. Galerie Steirische Moderne, Graz), Graz 1984.
Franz Motschnig. Ich und mein Gezeitentümpel. (Kat. Eigenverlag), Graz 1987.

Valentin Oman

1935 St. Stefan/Šteben bei Villach
1958—1962 Akademie für angewandte Kunst, Wien (Schmid-Jesser).

Literatur:
Valentin Oman. (Kat. Galerie 61, Klagenfurt), Klagenfurt 1970.
Valentin Oman. Alle Zeichen löscht die Zeit. (Kat.) Klagenfurt 1978.
Valentin Oman. Spuren — Sledovi. Klagenfurt o. J.

Markus Pernhart

1824 Mieger/Medgorje — 1871 Klagenfurt.
Schüler von Eduard Moro, Franz Steinfeld, 1846—1848 Akademie München.

Literatur:
Richard Milesi: Markus Pernhart. Klagenfurt 1950.
Markus Pernhart: Burgen und Schlösser in Kärnten. Klagenfurt 1976.

Peter Putz

1954 Ebensee, Oberösterreich
1974—1979 Hochschule für angewandte Kunst, Wien (Tasquil, Oberhuber), 1977—1978 Hochschule für bildende Kunst in Poznan/Polen, seit 1984 Lehrbeauftragter für Animations- und Realfilm an der Universität für Bildungswissenschaften in Klagenfurt.

Literatur:
Gottfried Fliedl: Das ewige Archiv. In: Fotogeschichte. Jg. 8 (1988), Heft 27, S. 55—66.
Arnulf Rohsmann: Das ewige Archiv. Beitext zur Kassette „Das ewige Archiv". 1987.

Arnulf Rainer

1929 Baden bei Wien
1945—1949 Villach, 1949 Akademie der bildenden Künste in Wien, die er nach einer Kontroverse mit dem Lehrer nach einem Tag verläßt; ab 1953 in der Gruppe um Monsignore Otto Mauer in der Galerie nächst St. Stephan, Wien; 1968 Face-Farces, 1970 Totenmaskenübermalungen, 1981 Professur an der Akademie für bildenden Künste in Wien.

Literatur:
Arnulf Rainer: Hirndrang. Selbstkommentare und andere Texte zu Werk und Person. (Hrsg. Otto Breicha) Salzburg 1980.
Arnulf Rainer. (Kat. Nationalgalerie Berlin), Berlin 1980. (Mit ausführlicher Bibliografie bis 1980.)
Arnulf Rainer: Körpersprache. (Kat.) München 1980.
Arnulf Rainer: Face-Farces. (Kat. Städt. Museum Abteiberg, Mönchengladbach), Mönchengladbach 1984.
Arnulf Rainer: Totenmasken. (Kat. Galerie Ulysses, Wien), Wien 1985.

Viktor Rogy

1924 Arnoldstein/Podklošter, Kärnten
Studium an der „Inneren Akademie" (lt. Angabe des Künstlers).

Literatur:
Viktor Rogy. Genie 84. Klagenfurt 1984.
Arnulf Rohsmann: spazio/spazio urbano. In: spazio/spazio urbano. (Kat.) Trieste 1981.

Meina Schellander

1946 Klagenfurt
1966—1970 Akademie der bildenden Künste in Wien, lebt in Wien und Ludmannsdorf/Bilčovs, Kärnten.

Literatur:
Meina Schellander. Einheitenfugen. (Kat. Österreichgalerie, Künstlerhaus Klagenfurt), Klagenfurt 1985 (mit ausführlicher Bibliografie).

Sepp Schmölzer

1919 Feldkirchen, Kärnten
1934—1937 Goldschmiedelehre, 1954/55 Akademie der bildenden Künste in Wien (Dobrowsky), 1967—1971, 1977, 1979, 1980 Leiter der Goldschmiedeklasse an der internationalen Sommerakademie in Salzburg, arbeitet als Goldschmied und Fotograf in Klagenfurt.

Literatur:
Sepp Schmölzer, Ein Bericht. Klagenfurt 1980 (mit ausführlicher Bibliografie bis 1980).
Sepp Schmölzer: Spiegelungen. Klagenfurt 1981.
Sepp Schmölzer: Schwarzbuch. Klagenfurt 1984.
Sepp Schmölzer: Landschaftsmetamorphosen. Klagenfurt 1988.

Hans Staudacher

1923 St. Urban am Ossiacher See
Als Maler Autodidakt, seit 1950 in Wien, 1959/60 längerer Parisaufenthalt.

Literatur:
Peter Baum: Hans Staudacher. Wien 1974.

H. Staudacher (Hrsg. Wiener Secession). Wien 1959.
Hans Staudacher (Hrsg. Action Tusch), Wien 1979.
Hans Staudacher. Grafitti, Stempelbilder, Skripturales informel. (Hrsg. Galerie Klewan), München 1986.

Jochen Traar

1960 Essen, BRD
Jugend in St. Kanzian am Klopeiner See/Škocijan ob Klopinjskem jezeru
1979—1984 Akademie der bildenden Künste in Wien (Gironcoli).
Lebt in Wien.

Literatur:
Jochen Traar. „Überspanntheiten". (Kat. Eigenverlag), Wien 1987.

Reinfried Wagner

1943 Klagenfurt
Als Maler Autodidakt, 1962—1970 Paris, seit 1980 in Wien.

Literatur:
Reinfried Wagner. Kopf- bis Fußmalerei gleichzeitig. (Kat. Eigenverlag) Klagenfurt 1983.
Reinfried Wagner. St. Neon. Kopf- bis Fußmalerei. Top to toe Painting. (Kat. Eigenverlag) Wien 1985.

Reimo Sergon Wukounig

1943 Klagenfurt
1950—1958 Zögling Nr. 33 in der Erziehungsanstalt Harbach, 1958—1962 Kunstgewerbeschule Graz (Spohn), 1962—1967 Akademie der bildenden Künste in Wien (Pauser). 1974 Lehrbeauftragter an der Akademie, lebt in Wien.

Literatur:
Reimo Wukounig. Arbeiten auf Papier 1970—78. (Kat. NÖart Galerie, Wien), Wien 1979.
Reimo Wukounig. Zeit der Trauer. (Kat. Wiener Secession), Wien 1983.

Anonyma

Thomas von Villach

Nachweisbar in zweiter Hälfte des 15. Jahrhunderts. Wichtigster Vertreter der Kärntner Wand- und Tafelmalerei im 15. Jahrhundert.

Literatur:
Gisela Hopfmüller: Neue Studien zu Thomas von Villach. Phil. Diss. Graz 1979.
Janez Höfler: Die gotische Malerei Villachs. Villach 1982, S. 101—184.
Wolfram Helke: Die stilistische Entwicklung der Kärntner Tafelmalerei im 15. Jahrhundert. Phil. Diss., Wien 1973. S. 141 ff.

Meister Hans

Der Künstler hat seinen Namen in der Schriftleiste an der Einfassung des roten Gewandes des Hohepriesters vermerkt.

Literatur:
F. G.: Die Tafelgemälde aus der Vituslegende. In: Carinthia I, 1984, S. 1 ff.
Wolfram Helke: Die stilistische Entwicklung der Kärntner Tafelmalerei im 15. Jahrhundert. Phil. Diss., Wien, 1973, S. 61 ff.

Meister der Kantniger Tafeln

Literatur:
Wolfram Helke: Die stilistische Entwicklung der Kärntner Tafelmalerei im 15. Jahrhundert. Phil. Diss., Wien 1973, S. 127 ff.

FOTONACHWEIS

Abuja: 131, 133, 135, 137, 139, 145, 147, 149, 151, 153, 157, 165, 169, 175, 177, 179, 185, 187, 201
Archiv Galerie Curtze, Wien: 167
Archiv Arch. Domenig: 159
Mira Grötschnig-Einspieler: Umschlag-Porträt E. Ringel
Archiv Hollegha: 143
Kärntner Landesgalerie: 155
Archiv C. Kolig: 163, 171
Archiv Magyrx: 187
Otto, Wien: 141
Peter Putz: 205
Archiv R. Rainer: 189, 191, 193, 195, 197, 199
Dr. Rohsmann: 173, 207
Archiv M. Schellander: 183
Schmölzer: Umschlag-Titelseite
Schwarz: 125, 127, 129
Archiv J. Traar: 181
Archiv Wukounig: 161